Lothar Zenetti

Wunder geschehen nicht nur sonntags

Erfahrungen mit dem Alltag

Verlag J. Pfeiffer · München

Mitglied der »verlagsgruppe engagement«

CIP-Kurztitelaufnahme der Deutschen Bibliothek

Zenetti, Lothar:
Wunder geschehen nicht nur sonntags: Erfahrungen mit d. Alltag / Lothar Zenetti. –
München: Pfeiffer, 1984.
  ISBN 3-7904-0416-0

Printed in Germany
Druck: G. J. Manz AG, Dillingen
Umschlagentwurf: Kurt Steinacher
© Verlag J. Pfeiffer, München 1984
ISBN 3-7904-0416-0

Inhalt

Vorwort

»... Die Wiederentdeckung des täglichen Wunders, das Außerordentliche des Selbstverständlichen, die Heiligung des Banalen, die Verwandlung des homo faber in den homo admirans ...«

Dieses Wort von Kurt Marti – ich fand es in seinen Notizen »Zärtlichkeit und Schmerz« – könnte so etwas wie ein Leitwort sein. Zumindest gibt es die Richtung an, in der das vorliegende Buch geschrieben ist, die Absicht nämlich, dem täglichen Leben, so selbstverständlich und banal es auch verläuft, den geheimen Sinn zu entlocken, den verborgenen Glanz, eben das Wunderbare. Und dies aufzuweisen im Gang des Jahres, ja an jedem Tag, den wir leben. Was wir tun also, was um uns geschieht. Was ich beobachte und höre tagsüber. Eine Meldung in der Zeitung, eine kleine Geschichte. Eine Begegnung, ein Gespräch, ein Gedanke. Auch eine Frage vielleicht, die mir nachgeht. – Doch ist es zugleich der Versuch, dabei ganz aufmerksam zu sein, auf Zusammenhänge zu achten und so die Spuren des Ewigen zu entdecken. Wir sind ja selber Teil dieser unsichtbaren Wirklichkeit, die sich uns im Glauben erschließt.

»Manchmal leben wir schon« – wie in diesem früheren Buch gehen auch die hier gesammelten Beiträge zu einem Teil auf Kurzansprachen zurück, die als »Zuspruch am Morgen« im Hessischen Rundfunk gesendet wurden. Andere habe ich neu geschrieben, um den Jahreskreis abzurunden. Mag schon sein, daß wir der feierlichen Sonntagsreden müde sind. Aber das Wort am Werktag findet Gehör, das läßt sich nachweisen. Es hat eine neue Chance. Besonders dann, wenn es aus dem Leben, aus einer eigenen Erfahrung kommt. Ich muß also, wie man so schön sagt, »etwas von mir geben«, wenn ich Menschen erreichen, sie nachdenklich machen will.

Es könnte doch sein, denke ich, daß der gegen alles

Unwägbare abgesicherte Mensch von heute, für den nur zählt, was berechenbar ist, dieser ›homo faber‹ in uns — daß aus dem unversehens wieder ein ›homo admirans‹ wird: ein Mensch, der die täglichen Wunder seines Lebens wahrzunehmen vermag.

Ich widme dieses Buch Herrn Pfarrer Alois Schönberger zum Goldenen Priesterjubiläum.

Lothar Zenetti

Jahresbeginn

Da hängt er nun vor mir, der Wandkalender für das neue Jahr. Auf einem Basar zugunsten indischer Waisenkinder habe ich ihn erworben. So lächelt mir ein dunkelhäutiges Mädchen zu, gleich auf der ersten Seite. Das ist doch ein guter Anfang, denke ich: Ein ansehnlicher Kalender. Ein Anliegen, aller Unterstützung wert. Und das Lächeln eines Kindes.

Zwölf Monate liegen vor mir. Mit vielen, vielen Tagen, die mich erwarten. Die ich – so Gott will – alle leben, erleben darf. Es wird Frühling werden, nachher Sommer. Dann kommen die Herbsttage, und am Ende steht wieder die kalte Zeit des Winters. Mancher Tag in diesem Jahr ist freilich schon wieder verplant und mit Terminen verstellt. Wie eine Krankheit ist das, ständig etwas verabreden zu müssen, immer beschäftigt zu werden! Im Januar sieht es schon beängstigend aus. Aber auf den weiteren Blättern ist noch Raum frei. Man müßte eine Menge damit machen können, denke ich, mit so vielen Tagen! Es liegt wohl auch an mir, was ich mit ihnen anfange: Ob ich sie lebe, diese Tage, ob ich Leben hineinbringe. Oder die Zeit, die mir gegeben ist, vertue, gar totschlage. Wie auch immer, ich sollte Wichtiges tun, Gutes, wenn möglich Sinnvolles. – Augenblick, ich will das doch einmal aufschreiben der Reihe nach. Meine guten Vorsätze.

Als erstes notiere ich: Das, was ich mir am dringendsten vorgenommen habe. Ich lasse etwas Platz; darüber muß ich einmal in Ruhe nachdenken! – Zweitens: Was ich an Unangenehmem im vergangenen Jahr aufgeschoben habe, was also unerledigt ist. Auch dahinter Raum für Eintragungen. – Drittens dann: Was ich gerne tun und verwirklichen möchte. – An vierter Stelle schreibe ich: Was die andern von mir erwarten. Vermutlich eine ganze Menge. – Fünftens: An einigen Tagen sollte ich gar nichts

Besonderes tun. Das müßte es ja auch noch geben: freie Tage ohne Verpflichtungen und Absichten, Tage zum Leben, zum Atmen. – Als letzten Punkt schreibe ich in mein vorläufiges Programm: An jedem Tag möchte ich wenigstens etwas aus wirklicher Liebe tun, soviel wie möglich sogar. Mir scheint, das Kind aus Indien auf meinem neuen Wandkalender lächelt mir dabei zu.

Das wär's also, sage ich zu mir, und bin vorerst mit Gott und der Welt ganz zufrieden. Habe ich ›Gott‹ gesagt? Ja natürlich, er gehört mit hinein in meine Überlegungen: Die Sonntage, die Feiertage, aber auch sonst . . . So schreibe ich einen siebten Punkt ans Ende: Kein Tag ohne Gott, ohne einen Gedanken an ihn, ohne Gebet! Und kein Tag sollte dabei sein, von dem Er, mein Herr, sagen muß: Freund, dieser Tag da, den ich dir geschenkt habe, der war es nicht wert, daß du ihn gelebt hast! Gedanken in der ersten Woche dieses neuen Jahres. Ich weiß, da gedeihen sie, die ernsten Vorsätze, die großen Pläne, da blühen sie, die Erwartungen. Aber sie sind nötig, auch wenn nachher vieles sich nicht erfüllt und manches anders kommt, als man es gedacht und geplant hat. Ein guter Anfang ist dennoch unerläßlich.

»Wer das erste Knopfloch verfehlt, kommt mit dem Zuknöpfen nicht zu Rande«, notierte Goethe in seinen »Maximen und Reflexionen«. Und es wäre ein hübsches Motto am Beginn eines neuen Jahres, wenn man feststellen könnte: Das fängt ja gut an!

Lauter gute Vorsätze also, darüber das Lächeln eines Kindes auf dem Titelbild meines neuen Kalenders, das mir Mut macht. Und noch etwas darf ich zu diesem guten Anfang hinzunehmen, vertrauen will ich darauf: den Segen des Höchsten.

Und so sage ich es mir feierlich vor: »Der Herr segne mich und behüte mich. Der Herr lasse sein Angesicht über mir leuchten und sei mir gnädig. Der Herr wende mir sein Angesicht zu und gebe mir Frieden!«

Diesen guten Anfang, diesen Segen möchte ich auch Ihnen wünschen, die Sie das jetzt lesen. Ach, lassen Sie es mich mit einem köstlichen alten Wort sagen, das ich irgendwo fand: »Und so wünsche ich denn, daß Euer Gnaden in dem neuen Jahre länger leben möchten als in dem alten!«

Glück auf Rezept

»Viel Glück und viel Segen auf all deinen Wegen«, so beginnt ein kleines Lied, und »Gesundheit und Wohlstand – oder Frohsinn, wie es beliebt – sei auch mit dabei.« Wissen Sie einen besseren Anfang? Nein, Schöneres kann einem niemand wünschen als dies: »Viel Glück und viel Segen!« Aber schon meldet sich ein gelinder Zweifel; man hat ja so seine Erfahrungen mit dem Glück und dem Glücklichsein. Was ist das, worin besteht das?

Fragen wir doch ein paar berühmte Leute danach. Hier Rousseau, Jean Jacques. Seine Antwort: »Glücklich sein? – Ein gutes Bankkonto, eine gute Köchin und eine gute Verdauung.« – Bernard Shaw, der irische Dramatiker, schüttelt den Kopf über unsere Frage: »Ein lebenslängliches Glück? Kein lebender Mensch könnte das ertragen, es wäre die Hölle auf Erden!« – Oswald Spengler, der Kulturkritiker, der – wie man sagte – in seiner Tinte schon das Abendland untergehen ließ, stimmt zu: »Dauerndes Glück, das ist Langeweile!« – »Glück kann man nur besitzen, solange man es nicht sieht«, meint Hermann Hesse und fährt fort: »Glück ist Liebe, nichts anderes. Wer lieben kann, ist glücklich.« – Der alte Theodor Fontane fügt leise seine Erfahrung hinzu: »Gott, was ist Glück – eine Grießsuppe, eine Bettstatt und keine körperlichen Schmerzen, das ist schon viel!«

Wie Umfragen bestätigen, wünschen sich die meisten

Menschen in der Bundesrepublik Gesundheit, an zweiter Stelle steht Frieden. Und Sie, wie denken Sie darüber?

Dieser Tage las ich in einem gescheiten Aufsatz der Meinungsforscherin Elisabeth Noelle-Neumann, das Wort »Glück« stamme ursprünglich aus der Handwerkersprache des Mittelalters: Wenn jemand einen Topf geformt hatte – aus Ton, nicht wahr – und noch einen Deckel dazu, und das paßte dann gut aufeinander, Topf und Deckel, dann nannte man das ein »Gelükke« – was gut paßt, was gelungen, eben geglückt ist. Das ist natürlich ein Ergebnis von Tüchtigkeit, Aufmerksamkeit und Fleiß. Aber es kommt noch etwas anderes hinzu: Nennen wir's Zufall oder Fügung, eben das, was wir unter Glück verstehen. All das ist nötig, damit es zusammenpaßt wie bei einem gelungenen Werk, wie bei Topf und Deckel: was man kann und gelernt und geübt hat, aber auch noch das andere, daß es gelingt, daß es glückt.

Geschenkt, werden Sie sagen. Und da haben Sie recht, sogar in einem ganz tiefen Sinn. Lassen Sie mich einen Satz aus der Bibel, aus dem alten Weisheitsbuch Kohelet, zitieren: »Immer wenn ein Mensch ißt und trinkt und sich freut an allem und so erkennt, was Glück ist – dann ist das ein Geschenk Gottes.«

Topf und Deckel, Essen und Trinken, das paßt wirklich alles zusammen heute. Vom Glück war die Rede. Ich könnte mir denken, daß so mancher nun gerne obendrein noch einen guten Rat haben möchte, wie man das zuwege bringt, das Glück und das Glücklichsein. Eine Anweisung zur Lebenskunst sozusagen, für heute und am besten auch gleich für alle Tage des kommenden Jahres. Ob es so etwas gibt? Nun, in einem alten Buch hab' ich's entdeckt. Ein richtiges Rezept für das neue Jahr:

»Man nehme die zwölf Monate, putze sie ganz sauber, entferne Bitterkeit, Geiz, Pedanterie und Angst und zerlege jeden Monat in 30 oder 31 Teile, Tage sozusagen, so daß der Vorrat genau für ein Jahr reicht. Jeder Tag wird nun einzeln angerichtet aus einem Teil Arbeit und zwei Teilen Gebet, Frohsinn und Ruhe. Man füge 3 gehäufte Eßlöffel Optimismus hinzu, eine Prise Toleranz, ein Körnchen Ironie und eine Prise Takt. Dann wird die Masse sehr reichlich mit Liebe übergossen. Das fertige Gericht schmücke man mit kleinen Aufmerksamkeiten und serviere es täglich, mit Gottvertrauen und Heiterkeit!« – Klingt gut, und so kann ich dann nur sagen: Wohl bekomm's!

Woher und wohin

Worauf hoffen wir, was befürchten wir? Was wünsch' ich mir, was wünsch' ich dir? – Es ist wohl ganz natürlich, daß man am Beginn eines neuen Jahres auf solche Gedanken kommt und eben ein bißchen weiterschaut als sonst; man möchte ja wissen, wohin die Reise geht.

»Die lange lange Straße lang«, so ist eine Erzählung des unmittelbar nach dem letzten Krieg verstorbenen jungen Dichters Wolfgang Borchert überschrieben. Die lange lange Straße lang. Am Ende heißt es: »Wohin fahren wir denn? frag ich die andern. Wir müssen doch wissen: wohin? – Da sagt Timm: Das wissen wir auch nicht. Das weiß keine Sau. Und alle nicken mit dem Kopf und grummeln: Das weiß keine Sau. – Aber wir fahren. Tingeltangel, macht die Klingel der Straßenbahn . . . Und keiner weiß: wohin? Und alle fahren mit. Und keiner weiß . . . und keiner weiß . . . und keiner weiß . . .«

Soweit Wolfgang Borchert. Ich glaube, selbst für Menschen, die sich gläubig nennen und denen der Glaube Halt gibt, kommen Augenblicke, wo sie das ebenso empfinden: Keiner – ich auch nicht – weiß eine Antwort auf die Frage: Woher? Wohin? Und wozu das alles? Und was bleibt von mir und von alldem, was ich tue, wofür ich mich mühe und abrackere? Mag sein, wenn man

Geburtstag feiert und wieder ein Jahr älter wird, dann kommt man wohl auf solche Gedanken, früher oder später. Oder jetzt, wo ein neues Jahr begonnen hat. Auch in Lebenskrisen, in einer Krankheit, in der Sorge um einen lieben Menschen. An einem Sterbebett, auf dem Friedhof; kann schon sein, daß einem dann solche Fragen durch den Kopf gehen. Gewöhnlich verdrängt man ja alles, wovor man Angst hat. Aber irgendwann tauchen sie wieder auf, die Fragen, die Ängste. Man hält sie sich vom Leib, zerstreut und betäubt sich. Nur nicht dran denken! Auch die Knallerei in der Neujahrsnacht ist wohl im tiefsten ein Versuch, die Fragen und Sorgen und all die bösen Geister zu verscheuchen. Ein Heidenlärm, jahrhundertealte Übung, soll das Ungute verjagen. Wir pfeifen laut wie das Kind im dunklen Keller, wenn es Angst hat. Wir machen uns Mut, trinken uns Courage an, prosten einander zu. Wir tanzen hinweg über die Schwelle des Jahres, über alle die Fragen und Sorgen. Dazu paßt er wohl, der alberne Ausdruck: »Guten Rutsch!« Weil da ja wirklich manches ins Rutschen kommt, weil wir da leicht den Halt verlieren. Und keiner weiß. Und keiner weiß . . .

Anders ein alter Hausspruch, den ich fand. Der lautet so: »Ich komm' und weiß nit woher. Ich bin und weiß nit wer. Ich leb' und weiß nit wie lang. Ich sterb' und weiß nit wann. Ich fahr', weiß nit wohin. Mich wundert's, daß ich fröhlich bin!«

Aber geht das: dennoch, also trotz allem fröhlich sein? Wie mach' ich das, wie fang' ich das an? Wohlgemerkt: nicht verdrängen, vergessen, nicht betäuben und übertönen, nicht rutschen und stolpern. Nein, aufrecht stehen, auf beiden Beinen sozusagen, ganz bewußt, ganz nüchtern, Augen auf. Und gelassen vorwärtsgehen, zuversichtlich, fröhlich sogar, wie geht das? Und was hilft da? Etwa Galgenhumor: wird schon schiefgehn!? Oder einfach Gleichmut: es kommt ja doch alles, wie's kommen

soll!? Ich weiß nicht. Mir scheint: In dem alten Hausspruch steckt ein Vertrauen, eine Kraft anderer Art. Ich
will ihn noch einmal sagen:

»Ich komm' und weiß nit woher. Ich bin und weiß nit
wer. Ich leb' und weiß nit wie lang. Ich sterb' und weiß
nit wann. Ich fahr', weiß nit wohin. Mich wundert's, daß
ich fröhlich bin!«

Einer hat diesen alten Spruch weitergedichtet: der
Maler Hans Thoma. Das war ein Schwarzwälder, ein
bodenständiger, besinnlicher und auch frommer Mann,
der lange in Frankfurt lebte. Der hat an den alten
Hausspruch diese Gedanken angefügt:

»Da mir mein Sein so unbekannt, geb' ich es ganz in
Gottes Hand. Die führt es wohl, so her wie hin. Mich
wundert's, wenn ich noch traurig bin!«

Im Strom der Zeit

Die Feiertage sind um. Das Leben geht weiter, und es ist
gut, daß es weitergeht. »Nichts ist schwerer zu ertragen
als eine Reihe von schönen Tagen.« Sprichwort, Dichter-
wort, gleichviel, da ist etwas dran: Wir brauchen den
Wechsel. Ein altes Jahr, ein neues Jahr. Es geht alles
vorüber, es geht alles vorbei. Die Zeit kommt und geht.
Immer schneller fließt sie vorüber. So scheint es einem,
je älter man wird.

»Panta rhei«, sagte ein großer Philosoph im alten
Griechenland. Das heißt: alles fließt dahin, alles ist im
Fluß. Der weise Mann hieß Heraklit und lebte und lehrte
in Ephesus. Zweieinhalb Jahrtausende ist das schon her.
6. Jahrhundert vor Christus. Panta rhei, alles ist im Fluß.
Könnten wir Heraklit fragen, wie er das meint, würde er
wohl sagen: Alles ist im ständigen Wechsel begriffen,
Leben ist Veränderung, das ist der Sinn der Welt, das
Weltgesetz. Heraklit sagte »Logos« dafür, und der Evan-

gelist Johannes wird dieses Wort später auf Christus beziehen. Er ist das göttliche Wort, meint er, der Welt-Sinn. Der Logos also zeigt sich in ständigen Gegensätzen: Licht und Schatten, Tag und Nacht, Leben und Tod. Dieser dauernde Wechsel ist das eigentlich Bleibende. – Noch durch einen anderen Ausspruch wurde unser Philosoph berühmt: »Man kann nicht zweimal in denselben Fluß steigen!« Und warum nicht? Nun, sagt er: Er hat sich verändert. Es ist nicht mehr dasselbe Wasser, das ist längst weitergeflossen. So ist es mit allem: Nichts ist wiederholbar, nichts ist rückgängig zu machen. Alles fließt weiter, panta rhei. Alles ist in ständiger Entwicklung. Nichts bleibt, und gerade das ist das Bleibende: das Fließen, der Fluß.

Seltsam: Um die gleiche Zeit, in jenem 6. Jahrhundert vor Christus, gab es am anderen Ende der Welt einen anderen Weisen. Der kam zu ähnlichen Bildern und Einsichten wie der Grieche Heraklit. Sein Name: Laotse. Sein Buch: Tao te king. Es handelt vom Wesen der Dinge, von der Mitte des Alls, vom Sinngrund der Welt. Im 32. Spruch lesen wir: »Das Tao der Welt ist dem Bach, dem Talfluß gleich, der zum Strom wird und ins große Meer fließt.« Und ein wenig später die Worte: »Das große Tao fließt überall, wie ein Fluß kann es rechts oder links fließen, die zehntausend Dinge leiten ihr Leben von ihm ab, und es versagt sich ihnen nicht.«

Unser Menschenleben im Bild eines Flusses: Aus einer winzigen Quelle entspringend. Eine Kindheit, klein zunächst, ein Rinnsal, ein Bach. Verborgen, doch auch geborgen noch unter Steinen und Gräsern. Dann stürmischer vorandrängend, in jugendlichem Ungestüm an Klippen vorüber, an Wasserfällen einen eigenen Weg sich bahnend. Später der gereifte Mensch: Da hat der Fluß seinen Weg gefunden, stärker wird er, breiter, sicherer. Ruhig fließt er dahin. Fischen gibt er Raum, Schiffe kann er tragen, Leben bringt er den Ufern. Dann aber – noch einmal älter, manchmal auch weiser werdend – treten die Ufer weiter zurück. Seltener winkt einer herüber, gelassener fließen die Wasser, bis sie ohne spürbaren Übergang mit dem Meer verschmelzen, das alles aufnimmt. Alles fließt, unser Leben ein Fluß.

Wer das spürt, wird nachdenklich, möchte aufhalten, was so rasch dahingeht. Manch einer zuckt die Achseln: Was soll's? – Aber genau darum geht es ja, um die Frage, was soll's, was soll das Leben, wohin will, wohin führt das alles? Auf welches Meer fließt am Ende alles zu, in welche Ewigkeit münden unsere Tage? Ein deutscher Matrose, Gorch Fock mit Namen, ein Dichter auch, schrieb im ersten Weltkrieg an seine Lieben daheim: »Fürchtet euch nicht, macht euch keine Gedanken um mich. Selbst wenn unser Schiff untergehen sollte: das Meer, in das ich versinke, ist auch nur die hohle Hand meines Gottes, aus der mich nichts reißen kann!« Ein gutes Wort in diesen Tag.

Die Drei mit dem Stern

Wer Glück hat, kann ihnen heute begegnen: den drei Königen mit ihrem Stern. Nicht nur in den Dörfern der Rhön oder im Bayerischen Wald, auch in der Großstadt. Kaum eine Gemeinde, die den alten Brauch des »Sternsingens« in den letzten Jahren nicht aufgegriffen und wiederbelebt hätte. Malerisch und bunt, möglichst exotisch verkleidet, so ziehen die Buben durch die Straßen und besuchen die Häuser. Kronen haben sie auf dem Kopf wie richtige Könige, einen haben sie schwarz angemalt. Ein Stern geht voran, und sie führen wohl auch eine Spendenkasse mit sich. Für Kinder in den Entwicklungsländern rund um die Welt wird gesammelt; mehr als 14 Millionen Mark kamen so im letzten Jahr in unserem Land zusammen.

Ein anderer Brauch, ebenso alt und womöglich noch älter, aus heidnischer Vorzeit überkommen, hängt eng damit zusammen: In den zwölf Nächten zwischen Weihnachten und Dreikönigstag, den »Rauhnächten«, gingen Unholde um, so glaubte man, eine wilde Jagd dunkler Gewalten. Durch Heidenlärm und Ausräuchern sollten diese Dämonen gebannt und verscheucht und der Winter ausgetrieben werden. Mancher Fastnachtsbrauch im Alemannischen und im Alpenland erinnert noch daran, wenn's auch für die meisten heute auch eher eine Gaudi geworden ist.

Diesen bösen Mächten, die gerade am Jahresbeginn ihr Unwesen treiben, sollten nun gute Geister entgegenziehen. Sie bringen das Licht, den helleuchtenden Stern in das Dunkel, und in die Angst vor den Launen des Schicksals tragen sie Hoffnung und Zuversicht. Sie überwältigen den drohenden Fluch und wandeln ihn in Segen. So treten die Sternsinger in das Haus, von den gläubigen Bewohnern schon erwartet. Nach alter Weise singen sie ihr Lied. Dann wünschen sie allen ein seliges neues Jahr und schreiben ihr Zeichen über die Tür: Drei Buchstaben, C und M und B, und dazu die Jahreszahl. C M B, das steht – so sagen viele – für Caspar, Melchior, Baltasar, so nennt man seit etwa tausend Jahren die Namen der biblischen Weisen und Könige. Manche verweisen auch auf einen anderen Sinn: C M B, das gebe die lateinische Formel »Christus mansionem benedicat« wieder, also: Christus segne dieses Haus. Wie auch immer, beide Lesarten haben etwas für sich. Und es sei nur am Rande einer reichen Geschichte volkstümlichen Brauchtums vermerkt, daß aus mittelalterlichen Dreikönigsspielen und -possen und dem schwarzen König Caspar Jahrhunderte später die lustige Figur des Kasper entstanden ist: Laroche und Graf Pocci haben sie im Handpuppenspiel des 18. und 19. Jahrhunderts als »Kasperl Larifari« berühmt gemacht. Er trägt ja noch immer die gleiche Zipfelmütze nach phrygischer, also persischer Art, wie wir sie schon auf einem frühchristlichen Bild der Drei Könige in der Domitilla-Katakombe in Rom sehen können. Ist das ein ungebührlicher Gedanke, daß unter den Heiligen Drei Königen, die Christus als dem neugeborenen Friedenskönig huldigen, auch ein Kasper, also ein Schalk, ein Spaßmacher ist? Daß diese drei Weisen aus dem Morgenland nicht nur Licht und Lobpreis und Segen ins Haus bringen, sondern auch Frohsinn und Humor dem dunklen Unwesen entgegenstellen? Jenen bösen Geistern, die auch heute mit ihren Parolen umgehen, mit Untergang und Vernichtung drohen und uns angst machen?

Ich jedenfalls möchte den Dreien die Tür weit auftun. Ich heiße sie herzlich und mit Freuden willkommen: die Könige mit ihrem hellen Stern, die sich aufgemacht haben auf ihren langen Weg zur Krippe, nicht um zu protestieren oder zu fordern, sondern um zu huldigen und anzubeten. Sie laden uns mißtrauische und ruhelose Menschen ein, so wie sie dem Stern des Glaubens zu folgen. Damit auch uns ein Licht aufgeht. Damit auch wir das Lächeln jenes Kindes finden, in dem uns das ewige Heil und der göttliche Friede geschenkt sind.

Einen Baum pflanzen

Dieser Tag heute, ein winziger Augenblick nur ist das in der Geschichte der Erde, seit das Leben begann vor Jahrmilliarden, eine Sekunde nur in der Geschichte der Menschen, die – soweit wir sie kennen – viele Jahrtausende umfaßt. Welche Bedeutung hat dieser Tag in meinem eigenen Leben? Ich arbeite, ich strenge mich an. Jeder Tag, sagt Jesus, hat seine eigene Plage. Und doch frage ich mich manchmal, was ich davon habe, von meinem Leben. Wem das nützt, wofür all die Mühe gut ist und was einmal davon bleibt. Lassen Sie mich, verehrte Leser, dazu eine kleine Geschichte aus Israel erzählen. Vielleicht hilft sie, die Antwort auf solche Fragen ganz behutsam zu finden.

»Ein weiser Mann mit Namen Choni ging einmal über Land. Da sah er einen Mann, der gerade einen Johannisbrotbaum pflanzte. Er blieb bei ihm stehen und sah ihm eine Weile zu. Dann fragte er: Sag, wann wird das Bäumchen wohl Früchte tragen? – Der Mann erwiderte: In siebzig Jahren! – Da sprach der Weise: Du Tor, gedenkst du in siebzig Jahren noch zu leben und die Früchte deiner Arbeit zu genießen? Pflanze doch lieber einen Baum, der früher seine Früchte trägt, daß du dich ihrer erfreust noch in deinem Leben! –

Der Mann aber hatte inzwischen sein Werk vollendet und sah freudig darauf, ehe er antwortete: Rabbi, als ich auf die Welt kam, da fand ich Johannisbrotbäume vor, und ich aß von ihnen, ohne daß ich sie gepflanzt hatte. Denn das hatten meine Väter getan. Wenn ich nun genossen, wo ich nicht gearbeitet habe, so will ich einen Baum pflanzen für meine Kinder und Enkel, daß sie davon essen. Wir Menschen mögen nur bestehen, wenn einer dem andern die Hand reicht. Sieh, ich bin ein einfacher Mann, aber wir haben ein Sprichwort: Gefährten oder Tod!«

So ist es: Wir leben von dem, was andere für uns, vor uns erarbeitet haben. Was wir vorfinden, was wir gebrauchen, was wir sind, verdanken wir im wesentlichen anderen, die vor uns waren. Und so mühen auch wir uns ab und wissen doch zugleich, wenn wir nur genauer hinsehen und es tiefer bedenken, daß wir selber das meiste davon nicht ernten werden. Sollen wir's also lassen und uns einen schönen Tag machen und nur darum besorgt sein, daß wir – wie man so sagt – was vom Leben haben? Gefährten oder Tod! »Wer sein Leben ganz für sich haben will, der wird es verlieren!« Ein Wort, das Jesus von Nazaret seinen Jüngern einschärfte! »Nur wer sein Leben dranzugeben, hinzugeben bereit ist, der wird es gewinnen!«

Da ist von ›Leben‹ in einem doppelten Sinn die Rede: Wer etwas vom Leben haben, es für sich haben will, der hält etwas fest, was den Namen ›Leben‹ eigentlich gar nicht verdient. ›Leben‹ steht da für etwas anderes, Größeres – es wird uns nur dann zuteil, wenn wir es nicht eigensinnig für uns haben wollen. Gefährten oder Tod! Ein Leben nur für sich gelebt, das ist Tod, selbst wenn man noch ein paar Jährchen auf dieser Erde herumlaufen sollte. Nein, das ist kein Leben. Gefährten, das ist die Alternative zum Totsein. Gefährten oder Gefahr, könnte man auch sagen. Todesgefahr oder Lebensgefährten. Leben mit anderen, Leben für andere.

Wer nur darauf aus ist, sich selbst zu verwirklichen, der verwirkt ja gerade die Wirklichkeit seines Lebens.

So pflanzte denn der einfache Mann seinen Johannisbrotbaum, damit seine Kinder und Enkel davon essen könnten.

Das erinnert mich ein wenig an das bekannte Wort von Martin Luther: »Und wenn morgen die Welt untergeht, so will ich doch heute noch mein Apfelbäumchen pflanzen und meine Schulden bezahlen!« – Ein gutes Wort für diesen Tag, meine ich.

Am Fahrkartenschalter

Der zerstreute Professor, das ist noch immer eine beliebte Figur für die Witzecke, aber auch eine liebenswerte, finde ich. Eines Tages, so lautet eine dieser Geschichten, steht der besagte Professor – zerstreut, wie er gewöhnlich ist – im Bahnhof vor dem Fahrkartenschalter. Was darf es sein? fragte der Beamte. – Hm, eine Fahrkarte halt! – Und wohin? – Ach so, wohin? . . . Na, zeigen Sie halt einmal, was Sie so alles dahaben!

Soweit also die Geschichte, und ich nehme das Stichwort auf. Das Angebot ist wirklich groß. Abgesehen von gewissen politischen Realitäten, kann man ja fast überallhin fahren heute: nach Rom oder Paris, nach Stuttgart oder Hannover. Auch nach Westerburg oder Brechen, was weiß ich. Wohin einer fahren will, das liegt an ihm. Der eine will eine weite Reise unternehmen, vielleicht in ein fernes Land, da nimmt er, wenn er nicht überhaupt fliegen will, einen schnellen starken Zug. Ein anderer begnügt sich mit einem kleinen Ausflug in die nähere Umgebung, dazu reicht ihm der nächstbeste Bummelzug. Der kostet auch nicht so viel.

Natürlich haben Sie längst gemerkt, daß die Sache mit den Fahrkarten nur ein Vergleich ist. Ein Beispiel für die Wahl, die wir für unser Leben zu treffen haben. Es liegt weitgehend an uns, wohin und wieweit wir wollen. Ob wir uns viel vornehmen, also zu großer Reise entschließen. Oder lieber in gewohnten Geleisen bleiben. Gar mancher denkt ja: Warum soll ich soviel Ehrgeiz entwickeln und mich plagen, um möglichst viel zu erreichen? Ich bleibe da, wo ich bin, also im Land. Das genügt mir. Ich nehme sozusagen einen gemütlichen Zug und gondele allenfalls ein bißchen in der Gegend herum. Das reicht mir und kostet nicht soviel. – Ein anderer aber hat sich Größeres in den Kopf gesetzt. Er will es weiter bringen, mehr als die andern will er leisten und erreichen. Da kann er nicht gemächlich daherzockeln und die Dinge nehmen, wie sie kommen. Nein, stark und zielstrebig muß ihn sein Wille vorantreiben. – Ja, wir haben alle Möglichkeiten vor uns. Es hängt zu einem guten Teil von uns selber ab, was wir aus unserem Leben machen. Wir dürfen wählen, ganz so wie die Leute am Fahrkartenschalter.

Welches Ziel haben wir uns für unser Leben gesetzt?

Versuchen wir einmal, das, was wir erreichen und verwirklichen möchten, in ein paar Worten zu benennen. Gar nicht so einfach. Vielleicht Erfolg, Anerkennung, es zu etwas bringen, etwas aufbauen, zu etwas nützlich sein, Spaß haben? Schwieriger wird es noch, wenn ich sagen sollte, worin ich das höchste Ziel, den letzten Sinn meines Lebens sehe: Mich selbst verwirklichen? Was vom Leben haben? Glücklich sein? Das hängt ja nicht nur von dem ab, was ich selber gerne möchte. Aber wovon sonst? Nun, auch von dem, was man von mir erwartet. Und wer ist das: man? Viele erwarten etwas von mir: Meine Familie, die Freunde, Kollegen, die Vorgesetzten, der Betrieb, in dem ich arbeite, die Gesellschaft. Im letzten sicher auch das Leben selber, das will ja sinnvoll gelebt werden. Dahinter dann der tiefste Sinn von allem, man könnte wohl ›Gott‹ dafür sagen. Da kommen dann mit einem Mal Wörter wie Sinnfindung, Erfüllung, ja Seligkeit und Himmel, ewiges Leben, ins Spiel. Sie stehen für die größtmögliche Vollendung, eine Lebenssteigerung noch weit über alle Menschenmöglichkeiten hinaus. Das große Ziel über allen Zielen. Die Anforderung Gottes, sein Angebot.

Irgendwann werden wir wählen müssen, Sie und ich. Sie wollen noch überlegen, sich noch nicht festlegen? Erst einmal abwarten? Gut, aber ich frage: Sind Sie sicher, daß noch Zeit ist? Daß Sie die Fahrkarte noch eine Minute vor der Abfahrt bekommen? Und vor allem: Wissen Sie genau, wann der Zug für Sie endgültig abfährt?

Dienst ist Dienst

Ich weiß, ich weiß: Von Pflicht – etwas, das unseren Großeltern noch viel bedeutete – darf man heute nicht mehr reden. Vor allem junge Leute sind dagegen allergisch. Vielleicht ist es einfach zu oft mißbraucht worden, dieses Wort ›Pflicht‹. Oder auch ›Dienst‹, damit steht es ähnlich. »Ehrlich gesagt«, so hörte ich kürzlich noch eine Bankangestellte sagen, »wenn es nach mir ginge, würde ich natürlich überhaupt nichts mehr tun, beruflich, meine ich. Aber ich brauche das Geld, was will man machen?«

Und das können wir doch verstehen, nicht wahr, tun wir doch nicht so! Wer geht schon aus reiner Begeisterung seiner Arbeit nach? Obwohl – es gibt sicher manchen, der gerne arbeiten würde. Arbeitslos sein ist hart. Und ich kenne eigentlich doch ein paar Leute, denen ihre Arbeit Freude macht, die gerne ihren Beruf ausüben. So leicht soll man sich's mit dem Traum vom süßen Nichtstun nicht machen. Schön: Urlaub machen, ein paar freie Tage, das Wochenende genießen. Aber überhaupt nichts mehr tun, keine Beschäftigung, keine Aufgabe? Allzu lange hielte man das wohl doch nicht aus. Aber vielleicht sollte man sich seine Tätigkeit aussuchen können, so wie ein Hobby? Und nur dann noch arbeiten müssen, wenn man dazu aufgelegt ist? Wie steht es damit? Kann man den Dienst, die Arbeit also, vom Arbeitswillen, oder besser von Lust und Laune abhängig machen? Das wäre ja schon einmal auszuprobieren!

Sagen wir: ich will mir morgens ein paar Brötchen kaufen, Semmeln. Doch leider hatte der Bäcker gegenüber keine Lust heute. Auch der Zeitungsverkäufer war nicht recht aufgelegt heute früh und verbringt den Vormittag lieber im Bett. So bleibt der Kiosk ebenso geschlossen wie der Bäckerladen. Dafür hat das Gardinengeschäft offen; der Besitzerin ist es sonst langweilig daheim. Aber was soll man mit Vorhängen anfangen, wenn man eine Semmel und die Zeitung haben möchte? Das Milchgeschäft ist ebenfalls zu. Zwei Kinder kommen aus der Schule zurück, sie wollten heute mal etwas lernen, aber der Lehrer schien nicht so recht aufgelegt dazu und war darum zu Hause geblieben. Gestern war es übrigens umgekehrt: Der Lehrer saß da, aber die Kinder fehlten. Vor dem Bahnhof hat die Blumenfrau schon auf. Am Fahrkartenschalter jedoch ist noch alles geschlossen. Mal sehen, vielleicht hatte der Lokomotivführer heute früh nichts Besseres vor. Richtig, da kommt der Zug, und dienstfreudig schaut der Lokführer oben aus seinem Fenster. Aber wenig später verzieht er das Gesicht: jetzt soll er auch noch die Postsäcke schleppen, denn da hatte wieder mal einer keine Lust . . .

Ja, liebe Leute, wie steht's damit? Sollen wir's so halten oder nicht, was meinen Sie? Ich erzähle diese kuriose Geschichte natürlich nicht nur, um Ihnen darzutun, wie wichtig es ist, daß Sie jetzt zum Dienst gehen. Um Ihnen auf diese Weise den Schritt ins leidige Berufsleben heute zu erleichtern. Ich wollte nur andeuten, was ›Pflicht‹ bedeutet. Und wie wichtig jeder Dienst für die Mitmenschen, für das menschliche Zusammenleben ist.

Dies gilt ja auch für unser Verhältnis zu Gott. Da gibt es ebenfalls so etwas wie Pflicht und Dienst. Wenn ich recht sehe, dann lassen wir auch das, die Besinnung am Tagesbeginn, das Morgengebet, häufig von unserer jeweiligen Stimmung abhängen: Ob wir gerade an Gott denken oder nicht. Ob wir uns sammeln, hören und anbeten – oder, ohne Atem zu holen, in den Tag stolpern. Manchmal höre ich sogar sagen, zum sonntäglichen Gottesdienst gehe man nur, wenn man ein Bedürfnis danach verspüre, wenn man gerade dazu aufgelegt und in der nötigen Stimmung sei. Sonst habe man nicht allzuviel davon. Als ob es vor allem darauf ankäme, was wir davon haben! Es ist ja Dienst vor dem Höchsten, ihm gilt unsere Pflichterfüllung. Und Gott, der die Herzen kennt, wird unsere Treue sehen. Es spricht daraus womöglich mehr wirkliche Liebe als aus gelegentlicher frommer Hochstimmung. Nein, wenn wir Gott ernst nehmen, mehr als alles andere, dann dürfen wir den Dienst vor ihm, für ihn nicht davon abhängig machen, ob wir gerade geneigt und dazu aufgelegt sind. Ob wir Zeit und Lust dazu haben. Dienst ist Dienst – gerade vor Gott. So mag jeder Tag neu vor ihm beginnen: »Herr, was willst du, daß ich tun soll?«

Des Tages Last

Mir ist etwas aufgefallen: Wenn jemand mich fragt, wie es mir gehe, habe ich in letzter Zeit oft gesagt: »Ich habe viel Arbeit!« – Gewöhnlich antwortet man ja auf solch freundliche Nachfrage mit: »Danke, gut!« Oder doch wenigstens: »Danke, es geht so!« Das ist zwar meist nicht viel mehr als eine konventionelle Formel, ich weiß. Doch solche Redewendungen helfen eben, uns Menschen im Alltag miteinander zu verbinden. Warum also glaubte ich andere darauf hinweisen zu müssen, daß ich viel Arbeit habe? Wollte ich meine Dankbarkeit ausdrücken dafür, daß ich arbeiten kann? Viele finden das ja nicht mehr: eine bezahlte Arbeit. Sollte es Verständnis wecken für mich vielbeschäftigten Mann, gar Bedauern und Mitgefühl hervorrufen? Oder wollte ich mit diesen Worten um Nachsicht dafür bitten, daß ich verständlicherweise nicht mehr viel Zeit für anderes und wohl auch für diesen Menschen hatte, der mir gegenüberstand? Es mag ja stimmen, daß ich viel Arbeit habe und wenig freie Zeit. Und doch: Geht es nicht vielen anderen ebenso?

Ich las kürzlich den Bericht eines Franziskanerpaters, den ich einmal kennengelernt habe. Heute ist er vierzig Jahre alt, er arbeitet als Pfarrer in einer Gemeinde im Ruhrgebiet. Die Mannesmann-Röhrenwerke liegen im Bereich seiner Pfarrei, und da arbeiten auch die meisten seiner Gemeindemitglieder. Er sagte sich eines Tages: Ich weiß, daß meine Leute früh rausmüssen und daß sie schwere Arbeit verrichten. Aber kann ich das nachempfinden? Es genügt ja nicht, es erzählt zu bekommen, man muß es selber erlebt und mitgemacht haben. So habe ich

mich, sagt er, im Oktober für vier Wochen als Betriebs-
helfer – also Hilfsarbeiter – bei Mannesmann gemeldet
und habe in der Kunststoffbeschichtung gearbeitet. Vier
Wochen wenigstens.

Es ist schon ein Unterschied, ob ich weiß und mir
vorstelle, daß die Arbeiter da um halb fünf Uhr früh
aufstehen müssen – oder ob bei mir selber der Wecker
rasselt. Es ist noch dunkel. Rasch Kaffee machen, Brot
schmieren, dann raus bei jedem Wetter. Um 5 Uhr 45 gehe
ich durch Tor 6, ziehe mich um: Arbeitszeug, Sturzhelm,
Schutzbrille, Ohrenstöpsel, Handschuhe. Punkt 6 Uhr
bin ich am Rollbett in Halle »18 Zoll«. Man muß
mitgemacht haben, wie das ist: Rohr für Rohr abstrahlen,
mit Preßluftschläuchen ausblasen und für die Beschich-
tung im 350-Grad-Ofen vorbereiten. Schon sehnt man die
Viertelstunde Frühstückspause um 9 Uhr herbei. Jetzt
weiß ich auch, sagt der Pfarrer, daß an den dreckigsten
Stellen, zum Beispiel an der Kunststoffmühle, vorwiegend ausländische Kollegen arbeiten. In meiner Gruppe
war die Hälfte Ausländer: Türken, ein Marokkaner, ein
Tunesier. Monotonie, Lärm und Schmutz bis 14 Uhr.
Endlich Feierabend. Da steht man dann mit all den
andern unter der Dusche. Um den feinen Metall- und
Kunststoffstaub einigermaßen abzukriegen, hilft nur
kräftiges Abschrubben. Wenn man dann heimkommt,
hat man nur noch ein Bedürfnis: etwas essen und sich
hinlegen. –

Soweit der Bericht. Sagen Sie jetzt nicht: Mensch, um
vierzehn Uhr Schluß! Bei mir geht's bis halb sieben! –
Sagen Sie nicht: In meinem Beruf kenne ich keinen
Feierabend, kein freies Wochenende! – Jeder hat seine
Arbeit und damit wohl auch seine eigene Plage.

Selbst unter Eheleuten gibt es das Gefühl: Der Partner
weiß gar nicht, was ich arbeite und wie ich mich
abrackere. Da kommt der Mann nach Hause und sagt zu
seiner Frau: Was hast du denn den ganzen Tag über

gemacht, nur das bißchen Haushalt und Einkaufen? –
Und die Frau denkt: Den ganzen Tag hockt er in seinem
Büro herum, während ich mich schinde und für alles
sorgen muß. Und abends, wenn er heimkommt, will er
noch bedient werden. Der hat ja keine Ahnung! –

Neulich sagte einer zu mir: Sie haben's gut als Pfarrer:
morgens Kirche, und dann schon Feierabend! – Deshalb
wollen ja auch so viele junge Leute Pfarrer werden! hab'
ich giftig bemerkt. Jeder will in seinem Beruf, seiner
Arbeit verstanden und geachtet werden, denke ich. Oder
bedauert. Und manchmal möchte er wohl auch einmal
bedankt und hin und wieder sogar gelobt werden, oder?

Nur ein paar Bretter

Es ist eine Erfahrung, die wir wohl alle schon gemacht
haben: Große Geschehnisse gehen mitunter auf ganz
kleine unscheinbare Ursachen zurück. Ein unüberlegtes
Wort führt zu einem folgenschweren Streit. Einer hat
achtlos eine Zigarette weggeworfen. Ein Stummel nur,
aber der schwelt weiter und verursacht schließlich einen
Brand mit unermeßlichem Schaden. Da lebt irgendwo ein
Mensch. Eines Tages platzt ein winziges Äderchen,
Hirnschlag, und besagter Mensch, womöglich in hoher
Verantwortung, fällt aus. Sein Werk, halb vollendet,
müssen andere weiterführen.

Oder nehmen Sie diese kleine Meldung: Auf der
Autobahn Köln–Düsseldorf wurden zwei Menschen
getötet und vier weitere verletzt. Das Unglück spielte
sich folgendermaßen ab: Auf dem Dach eines Kombifahr-
zeugs waren Bretter befestigt. Während der Fahrt lockerte
sich die Schnur, die Bretter verloren ihren Halt und
stürzten auf die Fahrbahn. Ein nachfolgender Personen-
wagen suchte auszuweichen und kollidierte mit einem
Kleinbus. Dieser geriet ins Schleudern und kippte um.

Ein paar Sekunden später raste mit unverminderter Geschwindigkeit ein Lastzug in die Seite des umgestürzten Wagens. Bilanz: zwei Tote, vier Verletzte. Ursache: einige ungenügend befestigte Bretter.

Was, so fragt man, hat er sich gedacht, er, der die Bretter auf das Auto schnürte? Vermutlich nicht viel. Wahrscheinlich mußte es schnell gehen, ein Knoten noch – so –, ach, wird schon halten! Wenn nicht, ist es auch nicht weiter schlimm. Wer fragt schon nach ein paar Latten, die unterwegs verlorengehen! Ja, so mag sich das abgespielt haben, und es ist gar kein ausgesprochen böser Wille dabeigewesen. Nur etwas Leichtsinn, eine kleine Unaufmerksamkeit, dazu noch etwas Pech.

Aber das ist kein Einzelfall. Die Klagen häufen sich über hingepfuschte, schlampige schlechte Arbeit, die man sich dennoch gut und sogar sehr gut bezahlen läßt. Man hört Beschwerden über neugekaufte Geräte, die bald schon wieder Reparaturen und Ersatzteile nötig haben. Über Ausbesserungen, die nicht gewissenhaft vorgenommen werden. Über Unzuverlässigkeit, mangelnde Qualität. Vieles liegt an der immer rascher ausgestoßenen Produktion, an der automatisierten Massenfertigung, am Mangel an gut ausgebildeten Fachkräften. Aber nicht wenig liegt auch an dem einzelnen Menschen selbst. An seiner Zuverlässigkeit, seiner Gewissenhaftigkeit, an seinem – ich scheue mich nicht, das Wort zu gebrauchen –, an seinem Gewissen.

Jeder von Ihnen, der Sie das lesen, wird heute eine andere Art von Arbeit tun. Kann sein, daß Sie sich sagen: Ja, das ist wichtig, was ich heute mache, und es hängt viel davon ab, ob ich etwas zuwege bringe. Mancher aber wird eher das Gefühl haben: Na ja, allzu bedeutsam ist das wohl nicht, womit ich beschäftigt bin und wofür ich bezahlt werde. Genaugenommen bin ich eher unwichtig und sicher ersetzbar. Das mag schon sein. Und doch gibt es im Grunde nichts in Ihrem Tun, was nicht von irgendeiner Bedeutung wäre für das Ganze und für andere Menschen. Und wenn es nur ein bißchen Aufmerksamkeit auf der Straße, ein wenig Freundlichkeit im Umgang mit anderen ist. Unser Leben setzt sich aus lauter solchen Kleinigkeiten zusammen.

Auch dieser Tag heute wird vermutlich nur für wenige von uns große, außergewöhnliche Ereignisse und Erlebnisse bringen. Für die meisten wird es wohl ein ganz gewöhnlicher Arbeitstag sein. Dennoch sollte ich auch die alltäglichen Dinge mit Sorgfalt tun. »Wer in den kleinsten Dingen zuverlässig ist, der ist es auch in den großen«, so lautet ein Wort aus dem Evangelium. Und es könnte ein Spruch des Tages sein, der uns rät, selbst scheinbar Unwichtiges ernst zu nehmen. Wir könnten auch sagen, aufmerksam zu sein. Es ist wohl nicht von ungefähr, daß man die kleinen freundlichen Überraschungen, die wir Menschen einander bereiten, auch »Aufmerksamkeiten« nennt. Binden Sie also die Bretter auf dem Kombi gut fest – danke! Und gute Fahrt heute!

Kleine Meldungen

In den Tageszeitungen erscheinen sie nur am Rande. Aber Merkwürdiges und manchmal auch sehr Menschliches findet sich da mitunter. Hier etwa diese kleine Notiz: »Ein ruhiges Gewissen ist ein sanftes Ruhekissen. Diese alte Volksweisheit trieb eine achtzigjährige Bäuerin aus Creglingen zu einer späten Selbstanzeige: Vor 65 Jahren, also in den Kriegswirren von 1917, war sie einmal, ohne zu bezahlen, mit der Pferde-Straßenbahn in Würzburg gefahren. Jetzt beichtete die betagte Dame diesen Tatbestand den städtischen Verkehrsbetrieben und legte vorsorglich auch gleich ein ›Bußgeld‹ von fünf Mark bei. Die Verkehrsbetriebe waren gerührt von soviel Ehrlichkeit und revanchierten sich mit einem Buch über das traditionsreiche Würzburg und einer Flasche guten Weines.«

Soweit die Meldung. Ich muß gestehen, ich fand das schön. Das ist doch einfach herzbewegend, oder? So etwas rührt uns in einer Welt, die jeden Tag so viele unerfreuliche Neuigkeiten für uns bereithält. Und in der doch vorwiegend von Untaten zu hören und zu lesen ist, von Kriegen und Konflikten, von Verbrechen – in solchem Maße, daß es einem mitunter schon ganz normal erscheint, daß einer heutzutage nur weiterzukommen meint, wenn er den eigenen Vorteil sucht. Ohne Rücksicht auf andere, ohne auf das Gewissen zu achten. Und nun so etwas: Eine alte Frau, die es nach so langer Zeit noch bedrückt, daß sie vor 65 Jahren einmal schwarzgefahren ist – und die dann im Alter, wo der Tod wohl vor der Tür steht, alles in ihrem Leben, auch dieses, noch in Ordnung bringen möchte, ehe sie vor den ewigen Richter tritt. Mag sein, daß es in ihrem Leben, in diesen achtzig Jahren, noch anderes Unrecht gegeben hat. Ich weiß es nicht, es könnte immerhin sein. Aber sie hat es wohl vergessen. Das meiste bleibt uns ja nicht so in Erinnerung. Doch das, diese Fahrt vor so vielen Jahren, ist ihr eingefallen. Fünfzehn Jahre war sie damals alt, und jetzt will sie das gutmachen.

Man kann gelegentlich hören, die ältere Generation habe versagt. Die Alten hätten den Jungen kein Beispiel, keine Antwort auf die entscheidenden Fragen des Lebens gegeben. Es tut mir leid: Ich kann das nicht so sehen. Diese alte Frau ist ja, auch wenn sie das weit von sich weisen wird, ein Vorbild. Sie gibt eine Antwort. Und viele andere alte Leute auch, die ich kenne oder gekannt habe. Neulich meinte ein alter Herr, den ich besuchte, er passe wohl nicht mehr so recht in die Welt von heute. Ich meine, das wäre schlimm, schlimm für unsere Welt, wenn das zuträfe. Wenn Redlichkeit, Bescheidenheit und Gewissenhaftigkeit nicht mehr zeitgemäß wären.

Darf ich Ihnen noch eine solche kleine Meldung aus der Zeitung vorlesen? Hier:

»Der Staatssekretär im bayerischen Staatsministerium des Innern glaubte seinen Augen nicht zu trauen, als er auf seinem Schreibtisch den Brief eines Rosenheimer Rentners vorfand, in dem dieser ihm als dem Heimatabgeordneten mitteilte, er verzichte auf eine weitere Erhöhung seines Zivil-Blinden-Pflegegeldes, das für dieses Jahr gerade wieder um 43,– DM aufgestockt werden sollte. Der 84jährige Mann begründete seinen Entschluß mit dem Hinweis, daß er durch seine 40jährige Tätigkeit im Staatsdienst eine gute Angestellten-Rente erhalte und von seiner Frau gepflegt werde. Daher benötige er kein so hohes Blinden-Pflegegeld.« Für unsere vom Anspruchsdenken geprägte Zeit, so meint die Zeitung, eine ungewöhnliche Einstellung.

Ja wirklich, so etwas ist nicht alltäglich. Wie aus einer anderen Welt klingt das. Natürlich weiß ich ebensogut wie Sie, und ich würde das dem blinden Rentner aus Rosenheim auch zu verstehen geben, daß so ein Pflegegeld ihm gesetzlich zusteht, also keine milde Gabe einer Behörde ist. Und doch: Ich verstehe den alten Mann. Die viel – und sicher zu Recht – gepriesene soziale Gesetzgebung, die Menschen in Not helfen will, darf nicht zu einem Netz werden, in dem man sich ausruhen kann, weil irgendwer, am Ende sogar der Staat, auf jeden Fall aber der Steuerzahler dafür aufkommt. Es darf kein Netz daraus werden, in welchem wir uns verstricken, in dem wir uns fangen lassen. Es freut mich, ich gebe es zu, daß es offensichtlich noch Menschen, zumal alte Menschen gibt, die Wert darauf legen, frei und unabhängig zu bleiben. Und das heißt: für sich selber verantwortlich. Das gibt mir Mut, meine eigene Verantwortung zu erkennen für mein Leben und auch für diesen Tag.

Fröhliche Heiligkeit

»Ein Heiliger, der traurig ist«, so hat einer gesagt, »das ist ein trauriger Heiliger.« Der italienische Priester Don Giovanni Bosco war ein Heiliger. Und er lebte, er predigte die Freude. »Vor allem durch eines«, meinte er, »sucht der Teufel junge Menschen vom Guten abzulenken: Er setzt ihnen in den Kopf, der Dienst vor Gott erfordere ein ganz ernstes Leben, das keine Freude, weder eine Unterhaltung noch ein Vergnügen kennt. Das stimmt aber nicht. Deshalb will ich euch zeigen, wie einen das christliche Leben heiter und vergnügt machen kann!« – Wohlgemerkt: nicht nur lehren – zeigen wollte er das. Man muß wissen: Der vielseitig begabte Priester widmete sein Leben ganz der Erziehung sozial gefährdeter und verwahrloster Kinder und Jugendlicher. Im Turin seiner Zeit sah er die Not in den Arbeiter- und Armenvierteln.

Aus den verelendeten Landgebieten ringsum waren Landarbeiter in die Stadt gekommen, um Arbeit zu suchen. Junge Leute, vielfach arbeitslos oder als Hilfsarbeiter ausgebeutet, lebten hungrig, straffällig, ohne Unterkunft und familiären Halt. Kinder wuchsen ohne Schule und Erziehung heran. Die Situation wird vollends deutlich, wenn man bedenkt, daß die Schwerarbeit für Kinder unter neun Jahren erst viel später, 1886, in Italien verboten wurde.

Don Bosco nahm sich der streunenden und verwahrlosten Kinder und Jugendlichen an. Er sammelte sie um sich. Er begann mit ihnen zu leben, mit ihnen zu spielen, sie religiös anzusprechen. »In jedem Jugendlichen, auch im schlimmsten noch, ist etwas, was für das Gute empfänglich ist.« Nach zwei Jahren sind es schon dreihundert Jugendliche, die sonntags zu seinen Treffen kommen. Nach fünf Jahren sind es siebenhundert. Er kann sie verstehen und ihnen helfen. Als Halbwüchsiger hat er selbst angefangen, Geld zu verdienen. Als Schneider, Schlosser, als Kellner. Nun bildet er die Jungen aus, richtet eine Abendschule ein und vermittelt Arbeitsstellen. Später werden feste Schulen und Werkstätten daraus. Er kümmert sich um eine Bleibe für Hunderte junger Leute. Ein Jugenddorf entsteht. Daneben schreibt er Bücher und Broschüren, Schulbücher sind darunter, Biographien, auch Sachbücher, eines zum Beispiel mit einer Anleitung zum besseren Weinanbau für die armen Bauern aus Piemont. Aber alles, was er tut, ist getragen von Freude. In den Berichten über ihn und sein Lebenswerk nehmen die Erzählungen von seinem Humor, seiner sportlichen Tüchtigkeit, ja seiner artistischen Begabung einen breiten Raum ein. Schon als Junge hatte er alle möglichen Künste und Tricks auf Lager: Er war der Schnellste und sprang am höchsten, heißt es. Er konnte seiltanzen, auf ein vorübertrabendes Pferd springen und den Handstand auf einer Hand machen. Er gewann sogar Wettbewerbe mit Zauberkünstlern, wird berichtet. So etwas machte ihm Freude. Und er nutzte alle diese Fertigkeiten und Talente, um diese Freude weiterzugeben.

»Wir lassen hier die Heiligkeit darin bestehen, daß wir immer fröhlich sind«, meint er über sein Jungendorf. Und er muntert die Buben auf: »Seid fröhlich, der Teufel hat Angst vor allen fröhlichen Menschen!« – Eines Tages wird ein Junge, ein lieber, aber sehr ernster Kerl, zu ihm geschickt, damit er von ihm ein weisendes religiöses Wort höre. Don Bosco rät ihm, um heilig zu werden, solle er zuerst mit den andern zusammen an der gemeinsamen Erholungszeit teilnehmen. »Wer mit Gott übereinstimmt, der hat auch Freude. Wer mit Gott keinen Frieden hat«, meint er, »der hat auch keinen Frieden mit den Menschen!« In diesen einfachen Worten steckt die Erfahrung, die Wahrheit des Lebens.

Lassen wir also heute die Heiligkeit darin bestehen, daß wir wahrhaft fröhlich sind. Denn, so lautet einer der unvergeßlichen Leitsätze des Heiligen: »Das Beste, was wir auf der Welt tun können, ist: Gutes tun, fröhlich sein und die Spatzen pfeifen lassen!«

Am Aschermittwoch

Stellen Sie sich einen Mann vor, der nachdenkt. Angestrengt, möchte ich sagen, man sieht es ihm an. Er ist nervös. Hin und wieder schreibt er etwas auf ein Blatt Papier. Aber er streicht es gleich wieder durch; es gefällt ihm nicht. Um es kurz zu machen: der Mann bin ich. Ich sitze da und überlege. Gedanken am Aschermittwoch.

Sie meinen, das sollte doch nicht so schwierig sein? Nun, wenn's Ihnen recht ist, fangen wir beim Nächstliegenden an, sagen wir: Die tollen Tage sind vorbei, der Alltag hat uns wieder. Nein, kein Kater, aber ein bißchen müde. Was soll's: räumen wir die Kostüme, die Luftschlangen weg, spülen wir die Gläser. Vorbei ist vorbei. Aber eine seltsame Ernüchterung ist das schon, die uns da heute abverlangt wird. Ein Wechselbad der Gefühle: vom Trubel umschalten auf Tristesse, von Bunt auf Grau. Wie ist man bloß darauf gekommen? Man könnte natürlich die Folklore bemühen, die alten Volksbräuche heranziehen zur Erklärung. Auch die kirchliche Liturgie, die ja großartige Akzente setzt in die seelische Landschaft.

Also da wird uns doch allen Ernstes zugemutet, mitten im Wohlstand den Gürtel enger zu schnallen. Soll natürlich gesund sein, das Fasten, gerade im Frühjahr, heilsam! Überhaupt Verzicht, den Konsum einschränken, Energie sparen. Das ist jetzt sehr aktuell und alternativ und womöglich die einzige Chance noch für unsere Welt, um zu überleben. Wir haben uns offensichtlich übernommen. Das biblische Wort »Buße« scheint mir gar nicht so verkehrt in diesem Zusammenhang: es meint ja umkehren, das Leben ändern. So hören wir es von den Kanzeln. Von den Ärzten kriegen wir's gesagt, neuerdings gar von den Futurologen, den Politikern. Wir müssen umdenken, unsere Gewohnheiten ändern, uns einschränken. Wir werden es sonst büßen müssen, wenn wir's nicht jetzt tun. Büßen, meine ich.

In den Kirchen, den katholischen wenigstens, die die uralten Symbole bewahrt haben, empfangen die Gläubigen heute das Aschenkreuz auf die Stirn: »Memento homo«, heißt es dazu, »gedenke Mensch, daß du Staub bist und wieder zu Staub wirst!« Asche also. Und am Mittwoch, also mitten in der Woche. So etwas wie Halbzeit. Midlife Crisis, die Krise der Lebensmitte. »Mitten in dem Leben sind wir vom Tod umfangen«, weiß ein altes Lied. Das heißt dann konkret: Herzinfarkt, Krebs, ein Unfall, wie's eben so geht. Mitten aus dem Leben. Vergänglich ist alles. Nicht viel mehr als eine Zigarettenlänge. Man muß nur einmal hinschauen, wie sich die, kaum angezündet, in Rauch auflöst. Was bleibt, ist Asche. – Buße tun in Sack und Asche, das taten die Büßer des Mittelalters.

Und wir, die wir so leichthin befinden, die andern, die da oben, überhaupt die Gesellschaft seien an allem schuld? Sind wir nicht doch an so manchen Zuständen in unserer Welt mitschuldig geworden? Durch Mitmachen, durch Hinnehmen, einfach so, was weiß ich? Sind wir nicht auch manchem Menschen etwas schuldig geblieben, von Gott ganz zu schweigen? Ehrlich, haben wir wirklich keinen Anlaß, Buße zu tun, wir Zeitgenossen eines Jahrhunderts, in dem Asche auch an Auschwitz erinnert, an verbrannte Erde, verbrannte Menschen, verbrannte Städte? An Coventry, an Dresden, an Hiroshima?

Ein Kreuz aus Asche auf unserer Stirn. Das Kreuz, Zeichen dessen, der unschuldig die Schuld der Welt auf sich nahm, sie durchlitt, sie überwand. Dieser Tag mahnt uns, mit ihm zu gehen auf diesem schmerzlichen Weg, vierzig Tage lang. Auf unsere Schuld zu, auf den Tod, die Vergänglichkeit zu. Dem Karfreitag entgegen. Aber Er, der uns voranging, ist – wie der Phönix aus der Asche des Untergangs – siegreich auferstanden. Ostern also!

Und genau das ist der Punkt, wo der Mann – Sie erinnern sich –, der da nachdenkt an diesem Aschermittwoch, also ich, ganz einfach sagt, was er glaubt, was er im letzten für wahr hält. Nämlich daß dieses ungeheure Wort des Mannes am Kreuz, das über den Tod hinausreicht, für uns alle gelten kann: »Wer an mich glaubt, der wird leben, auch wenn er gestorben ist!« – Fangen wir es gut an; es könnte eine gesegnete Zeit werden!

Frühjahrsputz

In diesen Wochen vor Ostern werden die Hausfrauen unruhig, falls sie nicht schon in Aktion getreten sind. Was den dunklen und trüben Wintermonaten nicht so auffiel – die Frühlingssonne bringt es ans Licht. Und so rückt denn alles dem Staub und Schmutz zu Leibe. Das große Reinemachen beginnt: Die Fenster werden geputzt, die Gardinen abgenommen und gewaschen. Überall hört man Teppichklopfen, sind Federbetten über Balkonbrüstungen gebreitet. Auch die Kleider, die Anzüge und Mäntel kommen an die Reihe, wollen gebürstet und ausgelüftet werden.

Und das, so möchte ich hoffen, ist nicht alles. Auch innerlich wird so ein Frühjahrsputz nötig. Wer will, mag es Generalüberholung nennen, auch Inspektion. Oder Beichte. Da gehört es sich, daß wir uns selbst, unsere Taten und Versäumnisse prüfen und geraderücken. Wir räumen auf, versuchen, in die Winkel unserer Motive zu leuchten. Wir bringen ans Licht, was wir unsere Gesinnung nennen, unser Verhalten im Guten und Bösen.

Dabei entdeckt man – erstaunt und erschrocken –, wieviel Unwichtiges da bestimmend wurde. Wie blaß dagegen unser Glaube, wie freudlos das Beten, wie lustlos weithin die Teilnahme am Gottesdienst geworden ist. Wie wenig ich für andere tue. Ich erkenne dabei auch, wie genial ich meine Schwächen, ja wirkliche Schuld versteckt und verdrängt habe. Hinter allgemeinen Redensarten wie zum Beispiel »Man ist ja auch nur ein Mensch!« oder gar »Was ist schon dabei!« So verharmlosen wir unsere Sünde. »Ich hab' ja keinen umgebracht; was soll ich also beichten?«

Ein merkwürdiger Unschuldswahn ist das in mir. Ein fast unbegreiflicher Gegensatz zu dem Sündenbewußtsein, ja der Sündenangst, die so viele Generationen vor uns immer wieder aus dem trägen selbstgefälligen Leben aufgeschreckt hat: Luthers Ringen um einen gnädigen Gott, Reuegebete und Bußübungen ohne Zahl.

Nach der Erfahrung des Psychologen Alexander Mitscherlich lösen die meisten Menschen die Sache heute wie folgt: Entweder verdrängen sie die Schuld, denken nicht daran (haben gar keine Zeit zum Denken, haben immer anderes, angeblich Wichtigeres zu tun). Oder sie schieben die Schuld anderen zu: dem Ehepartner, dem Nachbarn, den Kollegen. Oder die da oben sind schuld: die Politiker, die Unternehmer, die Bischöfe, was weiß ich. Oder noch einfacher: ganz allgemein die Gesellschaft, die heutige Zeit. Alle sind schuld, nur ich nicht. Dabei benennt es die Bibel eindeutig: »Wenn wir sagen, wir hätten keine Sünde, dann betrügen wir uns selbst, und die Wahrheit ist nicht in uns!« Es bedrückt mich, wie heute sogar unter Christen, die es doch eigentlich wissen sollten, der Begriff Sünde, das Empfinden dafür, verkümmert ist. Wie etwa junge Eltern nicht etwa fürchten, ihr Kind werde sündigen, sondern eher: einer könne kommen und das Gespür für Unrecht und Schuld in ihm wecken.

Aber es mag wohl so sein: Wo Gott einem Menschen nichts mehr bedeutet, wo der sein eigener Herr zu sein meint und sich nach eigenem Geschmack zurechtlegt, was gut oder böse ist, da wird er den absoluten Anspruch über seinem Leben – Gott sollst du lieben aus ganzem Herzen und den Nächsten wie dich selbst – nicht mehr anerkennen. Da genügt es, ein anständiger Mensch zu sein, mit kleinen Fehlern natürlich, zugegeben.

Doch gerade darin besteht ja die Sünde: daß ich mein Leben nicht mehr vor der letzten Instanz des Gewissens, dem heiligen Willen Gottes, verantworte; mich von ihm absondere. Darum gilt aber auch das auf den ersten Blick Paradoxe: daß nur der Glaubende sich vor diesem alles fordernden Gott als Sünder sieht. Deshalb haben die, die wir die Heiligen nennen, sich so radikal als Sünder empfunden. Die Nähe Gottes schärft unseren Blick. Erst im Glauben, vor Gott also, erkenne ich, wie schrecklich das sein muß, was mit Sünde gemeint ist. Die Bibel nennt es einfach den Tod. Aber gerade von dem lebendigen Gott darf ich Rettung erhoffen: »Wir waren durch unsere Sünde tot. Aber Gott, der voll Erbarmen ist, hat uns in seiner großen Liebe, zusammen mit Christus, wieder lebendig gemacht. Aus Gnade seid ihr gerettet.« So heißt es im Epheserbrief.

Und genau dies, dies allein, macht das Christsein aus: Sünde und Vergebung. Nur von Jesus Christus her, der meine Sünden auf sich nahm und in seinem Sterben das über mich verhängte Todesurteil büßte und so aufhob, kann ich erahnen, wie schwer meine Schuld wiegt. Aber auch: wie groß das göttliche Erbarmen ist.

Ansteckungsgefahr

Man mag es beklagen, aber ändern wird man es kaum: Das Böse scheint dem Guten überlegen. Auf jeden Fall ist es attraktiver. Um nur ein Beispiel zu nennen: In den Sparkassen und Banken unserer Stadt sind heute viele Menschen damit beschäftigt, Geld in Empfang zu nehmen, zu buchen oder an Kunden auszuzahlen. Es sind alles fleißige, gewissenhafte und durchweg höfliche Menschen. Und was sie tun, ist notwendig und gut. Doch beachtet wird das kaum. Interessant ist erst ein Überfall. Nicht die vielen braven Angestellten der Sparkassen – nein, der Bankräuber kommt in die Zeitung. Auch der ehrliche Finder ist kaum eine kleine Meldung wert. Aber der Gangster.

Fragen Sie sich doch selbst, was spannender ist: die gute Tat oder das Verbrechen? Das audiovisuelle Zentrum in Hildesheim stellte fest, daß in einer einzigen Woche 416 Gewalttaten auf dem Bildschirm zu sehen waren. Nicht weil man das Böse ausdrücklich will, sondern einfach weil's interessanter ist. Und das Gute? Ach, wer mag das schon sehen: gutmütige, ordentliche friedliche Menschen. Das gibt doch nichts her! Wundert es uns, wenn schon den Kleinen zum Stichwort »Krieg« ungleich mehr einfällt als zum Thema »Frieden«? Für eine Ausstellung sollten Kinder Bilder zu beiden Themen malen. Alle Besucher waren sich nachher einig: Die Schilderungen des Schreckens waren weitaus faszinierender als die Darstellungen des lieben Friedens; die waren eher langweilig und blaß geraten. Verlockung des Bösen. Es reizt, es ist attraktiver. Auch stärker, so scheint es: bekanntlich steckt ein fauler Apfel die gesunden an, nicht umgekehrt.

Irgendwo hörte ich folgende alltägliche Geschichte über eine Familie: Ein Kind – nennen wir es Stefanie – hat Fieber, es muß im Bett bleiben. Der Arzt kann nicht ausschließen, daß es sich um eine ansteckende Krankheit handelt. Deshalb sollen die Geschwister möglichst fernbleiben. Sie kann einem leid tun, die kleine Stefanie. Sie hat keinen Appetit. Selbst den Schokoladepudding, den ihr die Mutter bringt, rührt sie kaum an. Und das will schon etwas heißen!

Mittags kommt die achtjährige Schwester von der Schule. In der Küche entdeckt sie den Rest vom Pudding; sie will sich sogleich daranmachen. Die Mutter warnt: »Sabine, laß die Finger davon. Am Ende steckst du dich an und wirst mir auch noch krank!« Die Kleine stellt die Schale wieder hin. Nach einer Weile fragt sie: »Mami, sag mal, wir sind doch alle gesund. Wenn wir jetzt der Stefanie von unserem Essen geben, vielleicht stecken wir sie dann mit unserer Gesundheit an?!« – »Du hast aber mal wieder Ideen heute«, meint die Mutter und lächelt dabei. »Schön wär's! Aber leider ist die Gesundheit nicht ansteckend, nur die Krankheit!«

So ist es, das weiß jeder. Aber die Frage bleibt: Warum muß das so sein? Warum ist das Böse immer stärker? Hat das Gute denn gar keine Chance? Ich glaube doch: Ärzte können uns sagen, daß sich in einem gesunden Körper manche Krankheitskeime einfach nicht festsetzen können. Sie werden isoliert und auf diese Weise unschädlich gemacht. Mit anderen Worten: Ein gesunder Mensch – das gilt auch seelisch – entwickelt Abwehrkräfte, er muß dem Bösen nicht erliegen. Ein fester Charakter, eine gute Gemeinschaft, eine intakte Familie schützen in gewisser Weise vor einem schlechten Einfluß. Sie können so viel ausstrahlen, daß Böses nicht dagegen ankommt, ja sogar an Boden verliert. Haben wir das nicht selbst schon erfahren, daß ein gutes Beispiel Schule macht und mitreißt, ein Vorbild Nachahmer findet?

Ich denke an Jesus: Ist von ihm, von seinem Leben nicht unendlich viel gute Kraft ausgegangen? In ihm war Gottes Geist so mächtig, daß er ohne Scheu auf Kranke, auf Schuldiggewordene zugehen konnte, ohne Angst, er werde sich anstecken und selber krank und schlecht werden. Nein, er war stärker. Er, der Heilige, hat Menschen geheilt und Schuld vergeben. Ich sollte meinen Blick auf ihn richten, denke ich, mich an ihm orientieren. In seiner Nähe bleiben und seinem Einfluß auf mich Raum geben. Dann würde ich wohl spüren, daß eine gute Kraft von ihm ausgeht, die ansteckend ist. Und die, so meine ich, mein Leben reicher macht. Auch interessanter noch als alles Böse in der Welt.

Neu anfangen miteinander

Etwas haben wir wohl alle gemeinsam an so einem trüben kalten Morgen: daß uns das Aufstehen schwerfällt. »Was kann an einem Tag schon dran sein, der mit dem Aufstehen anfängt!« hat ein Spötter gemeint. Aber ich nehme an, Sie haben es geschafft. Und schon stehen Sie der Tatsache, daß Sie aus der wohligen Wärme der Nachtruhe vertrieben wurden, ein wenig gelassener gegenüber. Begrüßen wir ihn, den neuen Tag. Seien wir nett zu ihm! So ein Tag hat's auch nicht leicht. Immer soll er neu anfangen und stets Erfreuliches für uns bereithalten. Wer kann das schon: ganz neu anfangen! Sie? Können Sie's? Mir fällt das manchmal sehr schwer: über etwas hinwegkommen, was mich geärgert oder sogar verletzt hat, was mich wurmt. Das ist gar nicht so leicht: verzeihen, vergessen. Ebensowenig wie das Sich-Entschuldigen. Das fällt mir meistens auch schwer. Aber nur so kann man neu anfangen miteinander, ich weiß.

Ein neuer Tag, ein neuer Anfang. Wie oft kann man das eigentlich, ich meine: über etwas hinwegkommen, neu anfangen? Die Frage findet sich schon in der Bibel. Da lesen wir, daß Petrus offen heraus den gütigen Jesus fragt: »Sag, wie oft muß ich meinem Bruder verzeihen, wenn er mir Unrecht getan hat? Was denkst du: siebenmal?« Petrus muß sich dabei schon recht gnädig und großzügig vorgekommen sein. Siebenmal, du meine Güte!

Dieselbe Frage begegnet uns bisweilen in den Wochen-Illustrierten, wo ein kluger Briefkastenonkel oder Frau Soundso auf Lebensfragen ihrer Leser antworten und weise Ratschläge erteilen. »Fünf Jahre bin ich nun schon mit meinem Mann verheiratet«, schreibt eine Leserin. »Er war meine erste große Liebe und hat ja bestimmt auch seine guten Seiten. Er hat aber einen Fehler: Er kann nicht treu sein. Immer schielt er nach anderen Frauen. Zweimal habe ich ihm schon verziehen. Er verspricht dann hoch und heilig, künftig nur noch mir treu zu sein. Aber jetzt hat er schon wieder eine angebliche Geschäftsreise ausgenutzt, um einige Tage mit einer früheren Freundin zu verbringen. Das ist jetzt das dritte Mal. Und ich meine: Jetzt kann er sagen, was er will. Jetzt ist es aus!«

Und was meint der Ratgeber dazu? Nun, schreibt er, ein Seitensprung ist nicht so tragisch. Ein zweites Mal wird's ernst. Aber beim dritten Mal ist dann der Ofen aus! – Und das gilt auch zwischen Nachbarn und Kollegen: »Also jetzt ist meine Geduld am Ende! Ich habe dich oft genug gewarnt, doch du hörst ja nicht! Du meinst wohl, du kannst dir alles erlauben! Aber ich bin nicht blöd! Mach das, mit wem du willst, aber nicht mit mir! Jetzt ist endgültig Schluß!«

Und hat er nicht recht, der so redet? Recht hat er! Irgendwann ist die Geduld am Ende! – Verzeihen Sie, wenn ich unterbreche: Wir wollten doch eigentlich von einem neuen Anfang sprechen. Von Vergebung. Siebenmal sogar, meinte Petrus, solle man das tun: verzeihen. Aber das setzt natürlich voraus, daß der andere sein Unrecht auch einsieht, daß es ihm wirklich leid tut. Wenn das nicht der Fall ist – da haben Sie völlig recht –, dann wird durch allzu große und schnelle Nachgiebigkeit das Böse geradezu herausgefordert.

Vielleicht fragen Sie jetzt: Warum soll ich es eigentlich immer wieder neu mit dem andern versuchen? Und woher soll ich die Kraft und den Edelmut dazu nehmen? – Ich glaube, darauf gibt es nur eine Antwort, und sie ist in dem angedeutet, was Jesus dem Petrus auf seine Frage erwidert: Nicht nur siebenmal, nein, siebzigmal siebenmal! Unbegrenzt also – und warum? Mir scheint, weil wir sie selber täglich nötig haben, die Verzeihung. Es mag zwar unter uns manchen geben, der – wie er sagt – noch nie etwas verbrochen hat und nie etwas falsch macht. Doch wenn Sie mich fragen – ich bin dankbar dafür, daß ich mit vielen Menschen heute beten darf: vergib uns unsere Schuld, o Gott, wie auch wir vergeben denen, die an uns schuldig wurden! – Ein neuer Tag, also auch ein neuer Anfang!

Spielen wir's mal durch

Daß es Hunger und Not in der Welt gibt, wissen wir. Und daß es uns trotz mancher Probleme vergleichsweise gutgeht, wissen wir auch. Aber ob wir uns den Kontrast so recht vorstellen können?

Versuchen wir es jetzt einmal: Nehmen wir eine durchschnittliche deutsche Familie in einem kleinen Haus in einer Vorstadtsiedlung mit einem Monatseinkommen, wie es üblich ist, und bringen wir sie auf den Stand einer Durchschnittsfamilie in einem unterentwickelten Land. Wie soll das gehen?

Ganz einfach: Wir räumen aus. Zuerst tragen wir die Möbel weg: Betten, Stühle, Schränke, Lampen, Teppiche, Vorhänge, den Fernsehapparat. Alles bis auf einen Tisch, einen Holzstuhl, ein paar alte Decken. An Kleidung darf jeder nur behalten, was er auf dem Leib trägt: ein Hemd, eine Bluse, Rock und den ältesten Anzug. Dem Familienvater lassen wir ein Paar Schuhe, aber die Frau, die Kinder gehen barfuß. Kühlschrank und Vorratsraum werden geleert. Alles verschwindet daraus: Fleisch und Wurst, Butter und Käse, Konserven und Tiefgekühltes, Gewürze und Süßigkeiten. Etwas Reis, vielleicht Mehl, Zucker und Salz, das ist alles. Ein paar angefaulte Kartoffeln müssen aus dem Abfalleimer zurückgeholt werden, das gibt das Abendessen heute.

Und es geht weiter: Die elektrischen Anlagen werden entfernt, kein Stromanschluß mehr, auch kein fließendes Wasser, keine Heizung, kein Telefon. Und wir sind noch nicht am Ende: Die Familie muß das Haus verlassen und in die Garage ziehen, aus der natürlich Auto, Räder und Rasenmäher entfernt werden. Passender als die Garage wäre eine Bretterbude, besser noch eine notdürftige Behausung aus Wellblech und Karton. Und wie bei uns wären ebenso auch alle Häuser in der Nachbarschaft geräumt. Nur arme Hütten, wohin man sieht. Keine gepflasterte Straße mehr, keine Straßenbeleuchtung, kein Supermarkt, kein Laden, kein Zeitungskiosk. Die Schule 8 Kilometer entfernt. Der nächste Arzt 15 Kilometer; natürlich kein Krankenhaus, kein Postamt. Dafür der Gestank der Armut: Fliegen, Schmutz, Abwässer. Und Hoffnungslosigkeit.

So war es, so wird es immer bleiben. Vielleicht, wenn man sehr viel Glück hat, doch viele haben es nicht – auch Arbeit. Harte Arbeit, keine gesicherte Lehrstelle, keine geregelte Arbeitszeit, keinen Urlaub, keine Lohnfortzahlung, wenn man krank wird. Keine Versicherung, kein Mutterschutz, erst recht keine Rente. Tägliche Ungewißheit, wie die Familie weiterleben kann, ob überhaupt. Vielleicht können die Kinder helfen. Hin und wieder Gelegenheitsarbeiten zu geringem Lohn. Die Kleineren durchwühlen den Abfall. Auf der Straße im Pferdemist wird man vielleicht ein paar unverdaute Haferkörner finden. Man kann betteln gehen. Oder stehlen.

Habe ich übertrieben? Schön wär's! Nein, ich habe nur

die Statistiken der Unterentwicklung, die jeder, der will, einsehen kann, in ein anschauliches Bild gebracht. So und nicht anders leben viele auf der Erde. Für wenigstens eine Milliarde Menschen ist das ein lebenslanges Schicksal. Ebenso viele, eine zweite Milliarde, haben es besser, aber groß ist der Unterschied nicht. Ob wir die Augen abwenden oder es uns eingestehen: die Hälfte der Weltbevölkerung muß mit weniger als einer Mark am Tag auskommen, davon muß oft genug eine ganze Familie leben. Der anderen Hälfte der Menschheit geht es ungleich besser. Aber nur wenigen – uns zum Beispiel – geht es gut, sogar sehr gut.

Doch wenn ich »uns« sage, dann kann ich mich immer noch dahinter verbergen. In der Menge, unter den Menschen in unserem Land kann ich mich verstecken. Ich kann so tun, als gehe es mich nicht viel an, was mit den Menschen in so vielen armen Ländern geschieht. Ich kann mich sogar beruhigen damit, daß es bei uns ja noch viele Bessergestellte als mich gibt. Auch Luxus, unvorstellbaren Reichtum sogar, bei einigen. Sollen die doch erst mal, könnte ich sagen. Aber nein, ich sage es nicht.

Die andere Ordnung

Ich hab' ihn nötig, heute morgen: den Glauben an die Menschheit. Es gibt Tage, da könnte man schon irre werden an seinen Zeitgenossen. Es ist eine tägliche und mitunter leidvolle Erfahrung, daß Menschen fast zu allem fähig sind. Im Guten, aber auch im Bösen. »Hütet euch vor den Menschen«, das ist ein viel zuwenig zitiertes Wort des doch gewiß unverdächtigen Jesus von Nazaret, der wie kein anderer die Menschen geliebt und für sie Partei ergriffen hat.

Die Beobachtungen der Verhaltensforscher an Tieren lassen uns annehmen, daß es wohl auch unter Menschen so etwas wie eine »Hack-Ordnung« gibt, wie sie Konrad Lorenz festgestellt hat: »Jeder Hühnerbesitzer zum Beispiel weiß, daß auf dem Hühnerhof eine feste Reihenfolge besteht, nach der ein Huhn vor dem anderen Angst hat. Nach einigen wenigen Auseinandersetzungen, die nicht einmal handgreiflich sein müssen, weiß jedes Tier, wem es auszuweichen, aber auch, wer ihm auszuweichen hat. Solche Rangordnungen sind ungemein beständig. Natürlich haben die Rangunterstellen nichts zu lachen.«

Das menschliche Verhalten ist kaum anders. Man hat es vor allem in den letzten Jahren genau studiert, wie Menschen in einer Gruppe zusammenleben und welche Rangordnung sich da herausbildet: vom Ersten, der Autorität beansprucht und genießt, bis zum Letzten, auf dem alle herumhacken und der für alle die Dreckarbeit machen muß. Das läßt sich überall beobachten, wo Menschen zusammen sind.

Aber kehren wir noch einmal zu den Beobachtungen an Tieren zurück und zur Hack-Ordnung. Für Professor Lorenz war es interessant zu sehen, daß es da noch weitere Verhaltensmuster gibt: »Unter den Dohlen beispielsweise sind die Rangoberen, vor allem der Chef, gar nicht gereizt und böse gegen die Unteren allgemein. Sehr ranghohe Dohlen sind gegen sehr rangniedere sogar ausgesprochen gutmütig. Nur denen gegenüber, die ihnen unmittelbar unterstehen, sind sie gereizt und ängstlich bedacht darauf, daß klar bleibt, wer der Herr ist. Sobald einer naht, der im Rang unmittelbar nach ihnen kommt, wird er verjagt. Ist diese Rangordnung einmal eingespielt, wird sie unverändert beibehalten.«

Ich habe den Eindruck, es geht da doch recht menschlich zu. Aber lassen Sie mich nun, nach alledem, an ein Bild erinnern, das uns im Johannes-Evangelium überliefert ist: Jesus, der Meister, wäscht seinen Jüngern – nein, nicht den Kopf, sondern die Füße. Er kniet sich vor ihnen nieder auf den Boden und tut diesen Dienst, der eigentlich

Sache von Sklaven ist. Einer wehrt sich, Petrus: Aber das geht doch nicht. Das stellt ja alles auf den Kopf, was recht ist. (Denken wir an die Dohlen: die Position des Ranghöchsten dem unmittelbar folgenden gegenüber. Petrus empfindet ganz richtig!) Aber Jesus sieht ihn an, sieht uns an: »Begreift ihr denn nicht, was ich da tue? Ihr nennt mich euern Meister, und ihr habt recht, ich bin es. Wenn ich nun euch die Füße wasche, euch bediene, dann müßt auch ihr das einander tun. Wer unter euch der Größte sein will, der soll der Diener aller sein! Jetzt verstehst du das noch nicht, Petrus. Aber später, später wirst du es begreifen!« – Doch verstehen wir das denn, diese neue Ordnung des Dienens? Oder halten wir uns doch lieber an die bewährte alte Hack-Ordnung: Alle gegen alle? »Liebt einander«, sagt Jesus, »so wie ich euch geliebt habe!«

Karfreitagsgedanken

In einem Dolomitental bei Sexten, einer der schönsten Landschaften, die ich jemals gesehen habe, las ich auf einem Kreuz am Weg den folgenden Spruch:
»Hier in der herrlichen Natur siehst Du Gottes große Spur. Willst Du ihn noch größer sehn, so bleib vor diesem Kreuze stehn.«
Im Weitergehen sagte ich diesen Spruch immer wieder vor mich hin, um ihn mir einzuprägen: »Hier in der herrlichen Natur siehst Du Gottes große Spur.« Dies traf genau das, was ich empfand in diesem Tal angesichts der Berge: die Spur des Schöpfers. Er hat das alles geschaffen, dachte ich, und bewunderungswürdig hat er das alles gemacht! Und dann gab es noch dieses hölzerne Kreuz, wohl das Werk eines einheimischen Künstlers. Ja, ich wußte schon, was gemeint war: Willst Du ihn noch größer sehn . . . Aber das überzeugte mich nicht. Meine

Gedanken verließen das Bild, das ich gesehen hatte. Vor mir tauchte der schreckliche Martertod auf, den jener Gerechte in ungleich grausamerer Wirklichkeit erlitten haben mußte. Angstschweiß und Blut sah ich vor mir, ich hörte das Stöhnen des Gequälten und seinen Todesschrei. Er war ja nicht der einzige, den man auf diese Weise gefoltert hatte. Ungezählte tauchten vor mir auf: Gekreuzigte, Geschundene, Opfer unmenschlicher Quälereien, Verbrannte, Gevierteilte, Vergaste, Opfer von Verbrechen, von Kriegen und Katastrophen. An Kranke dachte ich, die ich qualvoll sterben sah. Wer kann die Ausmaße menschlichen Leids ermessen, den Schmerz auch nur eines einzigen Menschenherzens, das niemand kennt, niemand benennt! Schreit dieses Leid nicht auch zum Himmel? Schreit es nicht gegen den Himmel, gegen den Gott, der diese Welt geschaffen hat? Warum? schreit es. Und es sieht so aus, als gebe der, der »alles so herrlich regieret«, darauf keine Antwort. Rührt es ihn nicht an?

Der Hamburger evangelische Theologe Helmut Thielicke erzählte einmal von einer Mutter, die er am Bett ihres qualvoll sterbenden Sohnes traf. Er sah mit an, wie sie ihn in seiner letzten Not in ihre Mütterlichkeit förmlich einhüllte. Sie ließ sich nicht anmerken, wie sehr sie selber von Schmerz erfüllt war. Unter diesem Eindruck, sagte Thielicke, sprach ich sie an: »Ich bewundere Ihre Haltung.« Sie schaute mich an: »Nun ja«, sagte sie, »Haltung vielleicht. Aber schauen Sie bloß nicht dahinter: Ich habe überhaupt keinen Halt!« – Dies, sagte der Theologe, war das Wort einer ungläubigen Frau, die seit vielen Jahren mit der Kirche gebrochen hatte. Dieses verzweifelte und doch so tapfere Wort sei ihm lange nachgegangen. Und er habe dabei begriffen, was Glaube sein kann: einen Halt haben. Oder doch wenigstens eine Richtung, in der man Halt finden kann.

Es gibt viele Religionen auf der Welt. Und zahllose Namen von Göttern. Sie alle versprechen, uns vor dem

Leid zu bewahren. Bis auf einen: der litt mit uns. Unter der Grausamkeit, unter der unermeßlichen Schuld der Welt wurde er gehorsam bis zum Tod am Kreuz. »Willst Du ihn noch größer sehn . . .« Aber das kann doch nicht sein, daß die Ohnmacht, die leidet, größer sein soll als die Allmacht, die in das schreckliche Geschehen eingreift und es verhindert?

Ich erinnere mich noch gut an eine Frau, die ich oft besuchte. Sie war schwerkrank, vom Tod gezeichnet, das Ende kam immer näher. Sooft ich zu ihr kam, hielt sie ein Kreuz in der Hand. Sie litt, aber sie war sehr tapfer. So gut ich konnte, sprach ich ihr Mut zu. Was sagt man nicht alles, wenn man als Gesunder einer Todkranken, von Schmerzen Gepeinigten gegenübersitzt. Auch dies sagte ich schließlich: Nun sei sie Jesus, dem Gekreuzigten, ganz nahe, ganz ähnlich. Sie halte das Kreuz nicht nur in der Hand, sie sei selber ausgestreckt, angenagelt an ihrem Kreuz. – Als ich am nächsten Tag wieder zu ihr kam, konnte sie das Kreuz nicht mehr halten. Es lag auf dem Nachttisch. Ich griff hinüber und wollte es ihr geben. »Ich brauch's jetzt nicht mehr«, meinte sie, »ich bin jetzt selber am Kreuz, ganz so wie Jesus.« – Sie ist gestorben, am selben Tag. Und ich versichere: All das ist wahr, so wie ich es berichte.

Seitdem weiß ich, auch wenn ich es zwischenhin immer wieder vergesse, daß Gott unter den Leidenden ist. Kein jenseitiger Gott, fern und unerreichbar unserem Schreien. Nein, einer, der ganz nahe ist denen, die zu ihm rufen. Das ist mein Glaube, auch meine Hoffnung für mich selber. Selbst wenn ich diese innere Gewißheit keinem anderen glaubhaft machen oder gar beweisen und ihn davon überzeugen kann – »Willst Du Gott noch größer sehn, so bleib vor diesem Kreuze stehn!«

Die Osterbotschaft

Man muß es sich nur einmal vor Augen halten: wie in allen Erdteilen Menschen zusammenkommen, um dieses Fest zu feiern. In den großen und berühmten Domen und Kathedralen, aber auch in einfachen Dorfkirchen, auf Missionsstationen – überall ertönt das Halleluja. In allen Sprachen wird die österliche Botschaft verkündet. Rund fünfhundertmal allein in unserer Stadt werden Osterpredigten gehalten in den katholischen und evangelischen Gemeinden. Fünfhundertmal steht einer auf der Kanzel und bezeugt, daß Christus vom Tod erstanden ist. Einer davon bin ich. Nein, mir geht es nicht zuerst darum, daß Sie sagen: die Predigt war schön, der Pfarrer hat sich viel Mühe gegeben, es war interessant, man konnte gut zuhören! Erst recht nicht das Gegenteil: es war langweilig, das Übliche halt!

Was ich möchte, was ich von ganzem Herzen erhoffe, das ist, daß Sie bei sich denken und es vielleicht auch andern mitteilen: Was der Pfarrer da gesagt hat, das ist wahr. Das ist die Wahrheit. Und das glaube ich! Denn genaugenommen ist eine Predigt nicht eine mehr oder weniger anregende Darbietung, die man – je nachdem – lobt oder kritisiert, auf jeden Fall aber beurteilt. Zuallererst geht es ja um ein Bekenntnis, das den Glauben wecken und stärken soll: Jesus lebt! Und besonders gilt das von der Verkündigung an Ostern. Vor einigen Tagen habe ich – fast zufällig – von einem einfachen evangelischen Pfarrer aus dem Hunsrück gelesen. Er hieß Paul Schneider und war Pastor in Dickenschied, wenn Sie wissen, wo das liegt. Dieser Dorfpfarrer hatte im Frühjahr 1937, im sogenannten Dritten Reich also, nach zweimonatiger Schutzhaft Kanzelverbot erhalten. Da er dieser staatlichen Anordnung nicht nachkam, war er im Oktober erneut festgenommen worden. Am Ersten Advent brachte man ihn in das Konzentrationslager Buchenwald.

Beim Appell weigerte er sich, die Hitlerfahne zu grüßen. So verurteilte man ihn zu Einzelhaft – 14 Monate lang – und unterzog ihn sadistischen Quälereien.

Es wird berichtet, daß er auch dort seinen Glauben bezeugte. Am Ostermorgen, als Tausende von Häftlingen zum Morgen-Appell angetreten waren, rief er in die Stille hinein aus seiner Zelle – es klang wie aus einer anderen Welt – mit aller Kraft die Worte: »So spricht der Herr: Ich lebe, und auch ihr werdet leben!« Ein Wort aus dem Johannes-Evangelium. Dieses Wort rief er den Mitgefangenen zu, ein Verlorener den Verlorenen. Er schrie es so lange, bis ihn die Wärter niederknüppelten. Ein Mithäftling, der Notar Leikam, berichtete später: »Daraufhin hat er Unvorstellbares erlitten. Seine Peiniger haben ihn fast zu Tode gequält. Im Krankenrevier hat man ihm dann eine tödliche Spritze gegeben. Er starb an einem Sonntag, im Juli 1938.«

»So spricht der Herr: Ich lebe, und auch ihr werdet leben!« Das bezeugte ein Todgeweihter den Todgeweihten. Aber indem ich das höre und es auf mich wirken lasse, geht mir auf: Sind wir das denn nicht auch, dem Tode geweiht? Wir, die wir frei sind und uns des Lebens freuen dürfen, sind nicht auch unsere Tage heute schon gezählt? In hundert Jahren wird keiner von uns mehr dasein. Vielleicht haben wir nur mehr zehn Jahre zu leben, nur fünf, nur ein Jahr noch oder nicht einmal das, dann sind wir tot. So ist denn auch uns dieses Wort vom Leben gesagt, mit dem ein gläubiger Mann in der Bedrängnis sein Glaubenszeugnis gab. Ich sage es jetzt hier auch, ich schreibe es auf, dieses Wort. Ich rufe es Ihnen zu als ein Zeugnis meines Glaubens, damit auch Sie durch den Glauben Hoffnung gewinnen für das Leben, ja noch über den Tod hinaus.

Wie gesagt – es liegt mir nicht in erster Linie daran, ob Sie nachher sagen: das war eine schöne Predigt heute, das fand ich interessant und anregend – oder nicht. Nein, worum es mir geht, was ich erhoffe, das ist, daß Sie bei sich denken und es andere wissen lassen: Was der da gesagt hat heute, das ist wahr: Jesus lebt! Das ist die Wahrheit, das glaube ich! Und daran will ich festhalten im Leben und Sterben: »Ich lebe«, spricht der aus dem Tod Erstandene, »und auch ihr werdet leben!«

Dank an Thomas

Der ungläubige Thomas, sagen wir manchmal. Etwas von oben herab, leicht überlegen, als wenn wir das so einfachhin wären, nämlich gläubig. Vielleicht liegt es daran, daß Religionslehrer und Prediger uns, als wir Kinder waren, diesen Apostel und seine Begegnung mit dem auferstandenen Jesus nur in einem Zerrbild dargestellt haben: alle glauben, daß Jesus wirklich lebt, nur Thomas nicht. Dumm ist er, der Thomas, deshalb kriegt er eine Nachhilfestunde!

Aber so war das nicht. Immerhin verdanken wir diesem zweifelnden Thomas das eindeutigste Bekenntnis zu Jesus, das im ganzen Evangelium steht: »Mein Herr und mein Gott!« Und wenn wir den sogenannten Thomas-Akten folgen, dann ist dieser Apostel nachher nach Indien gesandt worden als ein Bote des Glaubens. Noch heute nennen sich indische Christen nach ihm »Thomas-Christen«.

Wir könnten aber, statt derart seine weitere Entwicklung zu verfolgen, auch den umgekehrten Weg beschreiten: Was war vorher, was ging dieser Begegnung des Thomas mit dem auferstandenen Christus voraus? Und da stoße ich auf etwas, das mich erstaunt: Wenn ich in den ersten drei Evangelien blättere, erfahre ich kaum etwas über diesen Apostel. Im vierten Evangelium jedoch, dem des Johannes, ist Thomas eine sehr wichtige Gestalt: Er spricht etwas aus, was die anderen so nicht auszusprechen wagen. Dreimal ist das so. Und jedesmal wird Jesus dadurch bewegt, etwas Entscheidendes zu sagen oder zu tun. Gehen wir dem einmal nach.

Das erste Wort, das wir von Thomas hören, lautet: »Laßt uns mitgehen, laßt uns mit ihm sterben!« (Joh 11, 16). Jesus war in Jerusalem beim Tempelweihefest. Die Frommen waren empört über ihn, er mache sich Gott gleich. Sie wollten ihn festnehmen und töten. Er aber kann fliehen und sich irgendwo am Jordan in Sicherheit bringen. Dann kommt die Nachricht: Lazarus, dein Freund, ist krank. Zwei Tage bleibt Jesus im Versteck, dann entschließt er sich aufzubrechen. »Wir gehen mit«, sagt Thomas, »laßt uns mit ihm sterben!« Das ist eines der düstersten Worte, die in der Bibel zu lesen sind. Und beachten wir es wohl, Thomas sagt nicht: Ich glaube nicht mehr daran, es war ein Irrtum. Ich geb's auf. Ich trenne mich von ihm. Nein, denkt er, wenn es denn zu Ende gehen soll mit Jesus, mit seiner Sache, mit seiner Gemeinde sozusagen, wenn – modern gesprochen – die Kirchen immer leerer werden, gut, dann will ich mit ihm untergehen. Wenn alle untreu werden, dann bleiben wir doch treu!

Das zweite Wort des Thomas: »Herr, wir wissen nicht den Weg, wohin du gehst!« (Joh 14, 5). Dieses Wort gehört in die Stunde des Abendmahles. Jesus nimmt Abschied: »Ich gehe voraus zum Vater, um euch eine Wohnung zu bereiten. Ihr kennt ja den Weg, den ich gehe!« Die Jünger sind viel zu verschüchtert, um nachzufragen. Thomas aber faßt sich ein Herz. Und ich bin dankbar dafür, daß er nicht geschwiegen hat wie die andern. Er wollte ja wirklich mit Jesus gehen, mit ihm sterben sogar. Darum fragte er genau. Ich kann ihn verstehen. Ich möchte den Herrn ja auch fragen und bitten: Herr, zeige uns den richtigen Weg. Laß uns erkennen, was zu tun ist und wo Wege und Möglichkeiten sind, die Menschen anzusprechen. Denn wir sehen keinen Weg! Und Jesus schaut seinen Jünger an: »Ich bin der Weg und die Wahrheit und das Leben!«

Das dritte Wort des Thomas: »Wenn ich nicht die Wunden sehe, glaube ich nicht!« (Joh 20, 25). Auch das ist ein Wort, das mir aus der Seele gesprochen ist. Thomas war nach den leidvollen Tagen nicht bei den andern, heißt es. Es gibt Menschen, die mit ihrem Schmerz allein sein wollen. Laß uns mit dir sterben! Was sollte das Leben jetzt noch für einen Sinn haben? Er ist so tief verstrickt in die Erkenntnis: der Herr ist tot!, daß er nun keinen Illusionen mehr verfallen will, zu sehr fürchtet er, getäuscht, enttäuscht zu werden. Ich bin dem Thomas dankbar. Sein Zweifel hilft mir zum Glauben. »Leg deine Hand hierher, in meine Wunden! Und sei nicht ungläubig, sondern gläubig!« Und Thomas glaubt. »Mein Herr und mein Gott!« Das ist der gläubige, nicht der ungläubige Thomas. So wie auch ich – gegen alle Zweifel – glauben möchte. Mit Thomas. Wie Thomas.

Daß der Mensch ein Ziel hat

In ihrem Buch »Das Urteil« beschreibt die Schauspielerin und Sängerin Hildegard Knef die Stationen ihrer vielen Krankheiten und der zahlreichen Operationen. Nach einem solchen Krankenhausaufenthalt im Jahre 1973, so erzählt sie, wurde sie zusammen mit ihrer siebenjährigen Tochter von einem befreundeten Pfarrer eingeladen, sich in seinem dörflichen Pfarrhaus ein wenig zu erholen. Eines Tages nimmt die »verwilderte Protestantin« an einem Abendgottesdienst teil. Während die Gemeinde das »Vater unser« spricht, kommt ihr unwillkürlich der Gedanke: »Wann habe ich das zum letzten Mal gehört – wann gesprochen –, nicht einmal den Text kann ich mehr. – Im Bombenkeller war das, vor 30 Jahren!« Nachher, auf dem Heimweg ins Pfarrhaus, fragt sie den

Priester: »Was sagst du, wenn ein Kind stirbt? Was sagst du den Eltern?«

Der Pfarrer antwortet ihr: »Vor zwei Wochen starb ein fünfjähriger Junge. ›Ich will euch sagen, warum ich ein Christ bin‹, habe ich gesagt: ›Weil die Welt unglaublich geschwätzig ist, laut und vorlaut, solange alles gutgeht. Nur wenn jemand stirbt, dann wird sie verlegen, dann weiß sie nichts mehr zu sagen. Genau an dem Punkt, wo die Welt schweigt, richtet die Kirche eine Botschaft aus.‹ Ich liebe die Kirche um dieser Botschaft willen. Ich liebe sie, weil sie im Gelächter einer arroganten Welt sagt, daß der Mensch ein Ziel hat, weil sie dort ihren Mund aufmacht, wo alle anderen nur die Achseln zucken.« –

Daß der Mensch ein Ziel hat. Und daß es eine Botschaft gibt, da, wo es ganz ernst, ja todernst wird. Wenn es ans Sterben geht und alle anderen verlegen die Achseln zucken und schweigen. Daß der Mensch ein Ziel hat . . . Der kleine Katechismus, den ich als Kind noch gelernt habe, stellte als erste Frage diese: »Wozu sind wir auf Erden?« – Ja, fragen Sie einmal Ihre Kollegen und Nachbarn. Ihr Kinder, fragt eure Eltern. Fragt ruhig auch die Leute, die alles in Frage stellen, ob sie darauf eine Antwort wissen: Wozu sind wir auf Erden? Was meinen Sie: Um was vom Leben zu haben? Um es uns möglichst schön und bequem zu machen? Um Geld zu raffen und auszugeben? Um der Kinder willen, für den Beruf, das Geschäft? Damit es dann einmal heißt: Sein ganzes Sinnen und Trachten galt unserer Firma?

Daß der Mensch ein Ziel hat. Aber welches? Ich sehe Läufer am Start versammelt. Das Rennen beginnt. Aber niemand weiß, wohin er laufen soll, wo das Ziel ist. Kinder laufen hinein in ihr Leben, aber die Eltern haben ihnen nicht gezeigt, was das soll, wohin das alles einmal gehen soll. Sie wissen es wohl selber nicht. So läuft der eine nach rechts, irgendwohin. Der andere nach links, wohin er gerade mag. Ein Dritter startet rückwärts. Der vierte tritt auf der Stelle. Der fünfte bleibt überhaupt sitzen. Soll doch jeder selbst entscheiden, heißt es.

Daß der Mensch ein Ziel hat. Und daß es eine Botschaft gibt, wenn es ernst wird und alle anderen nur verlegen die Achseln zucken. Und sollten Sie auf die einleitenden Gedanken hin nach dem Buch von Hildegard Knef fragen, dann fragen Sie doch bitte auch – und vielleicht sogar zuerst – nach den »Bekenntnissen« des heiligen Augustinus. In diesem Buch findet sich der Satz, der das Ziel klar benennt: »Wir sollen dich loben aus fröhlichem Herzen, o Gott. Denn du hast uns auf dich hin geschaffen, und unser Herz ist unruhig, bis es Frieden findet in dir, o Gott!«

Daß der Mensch ein Ziel hat. Und daß es eine Botschaft gibt, da, wo es ernst wird. Von dieser Botschaft hören und singen wir in diesen österlichen Tagen, da wir mit Jesus Christus in den Tod gehen und mitten durch das Sterben in das unbesiegbare Leben. »Fürchtet euch nicht«, heißt es da, »ihr sucht Jesus, den Gekreuzigten. Er ist auferstanden, er lebt, er geht euch voraus!«

Orientierung

Es wird wohl nicht alles glücken heute, aber die Richtung soll doch wenigstens stimmen! – Ich habe mir manchmal schon gedacht, auch dafür müßte es so etwas wie einen Kompaß geben. Damit man weiß, wo's langgeht. Damit man ans Ziel kommt.

Eine nützliche Erfindung, so ein Kompaß. Wo wir auch sind, die Nadel zeigt unbeirrbar nach Norden. Natürlich können wir uns dann immer noch wenden, wohin wir wollen. Wir können wählen, einen günstigen Weg suchen oder dem jeweiligen Modetrend folgen, auch Umwege sind denkbar. Man kann auf den Holzweg geraten. Irrwege, Sackgassen sind nicht auszuschließen. Und doch hilft ein Blick auf den Kompaß, daß wir uns immer wieder zurechtfinden. Der Kompaß ist zuverlässig. Unentwegt zeigt er nach Norden.

Vor einiger Zeit haben wir in unserer Gemeinde einen Kurs angeboten, in dem es um Lebensorientierung für Heranwachsende ging. Wir haben dieses Angebot »Kompaß-Kurs« genannt. Und ich glaube, es war für alle Teilnehmer ein Erlebnis, anhand mitgebrachter Kompaß-Uhren festzustellen, daß es etwas Bleibendes, unbeirrbar Richtiges gibt. Die jungen Menschen heute sehen sich ja den verschiedensten Möglichkeiten und Meinungen, Parolen und Programmen gegenübergestellt. Der eine preist dies, der andere jenes an. Was die einen gut finden, halten andere für schlecht. Es scheint fast, als gebe es gar nichts Gültiges mehr. Alles ist ja möglich. Alles scheint Ansichtssache, Geschmackssache. Sämtliche Kompaßnadeln aber zeigen eindeutig in die gleiche Richtung. Das gibt es also: Eine Norm, die feststeht, die man nicht diskutiert. Etwas, wonach man sich richten kann und sogar muß. Worauf man sich aber auch verlassen kann. Und wenn das so ist, dann gibt es auch das Gegenteil: daß etwas nicht richtig, also falsch ist.

Für die jungen Leute war das eine wichtige Entdeckung. Sie finden sich ja kaum noch zurecht in diesem heutigen Supermarkt der Möglichkeiten und Ideen, in diesem geistigen Warenangebot für jeden Geschmack. Die Jugend von heute, so hat einmal einer gesagt, ist nicht schlechter als die Jugend früher. Sie ist nur schlechter dran. Sie hat es schwerer, Werte, Maßstäbe, Orientierung eben für ihr Leben zu finden.

Orientierung. Wir gebrauchen diesen Begriff meist, ohne viel darüber nachzudenken. Haben Sie schon bemerkt, daß das Wort ›Orient‹ darinsteckt? Sich orientieren heißt wörtlich: sich dem Orient zuwenden. ›Oriens‹ besagt ›aufgehend‹. Gemeint ist die Sonne; die geht im Osten auf. ›Ex oriente lux‹ – das Licht kommt vom Osten, aus dem Orient. Manchem fällt dabei ein, man hat die Kirchen, seien es nun Dome oder Dorfkirchen, nach Möglichkeit immer so gebaut, daß sie nach Osten weisen, zur aufgehenden Sonne hin. Sie sind ge-ostet, wie man sagt. Mit einer Ausnahme übrigens: die Peterskirchen. Die zeigen umgekehrt nach Westen. Sie wollen so an Petrus erinnern, der den Herrn verleugnete und mit dem Kopf nach unten gekreuzigt wurde. Für alle anderen Kirchen haben die liturgischen Vorschriften in sämtlichen Jahrhunderten die Wendung nach Osten verlangt. Dahinter stand die Erinnerung an die Auferstehung Christi am Ostermorgen. Die Gläubigen sollten sich im Gebet dem Auferstandenen zuwenden, ihn sollten sie anbeten als die aufgehende Sonne, als Licht der Welt. An ihm können wir uns orientieren. Von daher, von dem aufgehenden, täglich neu auferstehenden Licht her soll uns die Richtung gewiesen werden. Im letzten von dem her, der gesagt hat: »Wer mir nachfolgt, wird das Licht des Lebens haben!«

Am Weißen Sonntag

»Süß sehen sie aus!« Einhellige Meinung aller, die dem Einzug der feierlich gekleideten Kinder vom Straßenrand aus zusehen: Erstkommunion. Die Jungen in dunklen Anzügen, die Mädchen weißgekleidet, Kränzchen im Haar. Weißer Sonntag, ein festlicher Tag. Die Kinder tragen Kerzen in den Händen. Zeichen ihres Glaubens an Jesus, der – so haben sie es gehört – das Licht der Welt ist und auch ihr Leben hell machen kann. Das ist der Sinn, die Mitte dieses Tages. Aber dazu gehört auch all das andere: die große Zahl der eingeladenen Gäste (45 sind es, verrät mir Gabriele) und vor allem die vielen Geschenke, die zu erwarten sind.

Ja, es gibt viel, fast zuviel Aufregung und Freude für ein

Kinderherz. Manche gute Oma spricht gerührt vom schönsten Tag des Lebens. Und sie meint sicher zuerst die Einladung des Herrn Jesus zu seinem Tisch, so hoffe ich, und dann all das, was diese Feier umrahmt. Aber wie kann man den Kindern deutlich machen, was Mitte und was festlicher Rahmen ist? Wie soll man es der Sabine im weißen Kleid erklären, die heute wie eine Braut aussieht (süß, sagen alle)? Und wie kann Michael es begreifen, der in seinem dunklen Anzug an einen Bräutigam erinnert?

Ich habe lange darüber nachgedacht, wie man die Mitte, das »Eigentliche« dieses Tages nahebringen kann. Da ist mir der Gedanke gekommen, das Stichwort »Hochzeit« aufzugreifen. Und so habe ich den Kindern von einer Hochzeit erzählt, die wir in unserer Familie vor ein paar Wochen erst gefeiert haben: Ein schöner Tag war das, begann ich, die kirchliche Trauung zuerst. Viele Leute bewunderten die weißgekleidete Braut und den Bräutigam in seinem dunklen Anzug. Und sie wünschten Glück. Nachher war ein Empfang für viele Leute. Alle hatten sie Geschenke mitgebracht, viele Päckchen und Blumen. Auch zwei Kinder waren dabei, Kinder wie ihr. Der Bräutigam war ihr Onkel. Sie standen da mit großen Augen und schauten. Na, sprach ich die beiden an, das möchtet ihr wohl auch einmal sein, so eine Braut, ein Bräutigam, und Hochzeit feiern? Ja, sagte der Junge, toll, was man da alles so geschenkt kriegt! – Ja, nickte das Mädchen, so eine Braut möchte ich auch einmal sein, so schön angezogen! – Ja schaut, sie sind sehr glücklich, sagte ich. Was meint ihr, was sie heute am meisten freut? Die Geschenke, die vielen Leute oder das schöne Kleid? – Hm, so recht wußten sie's nicht, die beiden Kleinen. – Vielleicht fragen wir sie einmal selbst, die Braut, schlug ich vor, da steht sie ja. So gingen wir auf sie zu und fragten: Die zwei hier, sagte ich, möchten gern wissen, was dich heute am meisten freut, was unter allen das wichtigste und schönste Geschenk ist. – Die Braut verstand zunächst nicht so recht. Etwas unschlüssig schaute sie über das Meer von Blumen und die vielen Geschenkpäckchen hin. Doch dann hob sie die Hand und zeigte auf ihren Ring, den goldenen Ehering: Ich glaube, das hier ist das Schönste, sagte sie. Es ist das Zeichen dafür, daß ich nun verheiratet bin und ihm gehöre. – Die Kinder starrten wie gebannt auf den goldenen Ring. Doch in diesem Augenblick kam der Bräutigam hinzu und nahm seine junge Frau in den Arm. Da schaute sie ihn selig strahlend an und sagte zu uns: Nein, Kinder, der hier, das ist mein schönstes Geschenk!

So habe ich von der Hochzeit erzählt. Ich hoffe sehr, die Kinder haben den Vergleich an ihrem Erstkommuniontag doch ein wenig verstanden. Auch für sie gibt es an diesem Tag viele schöne Dinge: ein Fest, viele Gäste, ein schönes Kleid, Festessen und Geschenke. Aber das Wichtigste, das kostbarste Geschenk, das ist Er selber, seine Freundschaft, seine Liebe. Und das Glück, ihm zu gehören, ihn liebhaben zu dürfen. Er hat sich selber »den Bräutigam« genannt. Mit seiner Kirche, mit uns allen feiert er Hochzeit. Der heutige Tag, das ist nur der Anfang eines gemeinsamen Lebens mit ihm. Und am Ende will er mit uns das ewige Hochzeitsfest der Liebe feiern.

Ruhe im Getue

Wir gelten als ein überwiegend christliches Volk; das Einwohnermeldeamt wird es bestätigen. Darum ist Pfingsten bei uns ein Feiertag: Das Fest des Heiligen Geistes. Wer sich für fromm hält, der mag wohl auch in seine Kirche gehen. Aber – so hört man – das ist jedermanns Privatsache. Ansonsten gilt Pfingsten als Fest der Ausflügler, der Reiseunternehmer und Gastwirte. Zwei freie Tage sind schließlich zwei freie Tage. Was soll schließlich – so ist weiter zu vernehmen – ein moderner Mensch, der mit beiden Beinen im Leben steht, sonst auch mit Pfingsten anfangen?

Verzeihen Sie die Frage: Steht denn dieser sogenannte Mensch von heute wirklich so breitbeinig und unerschütterlich im Leben? Manchmal möchte man eher vermuten, sie seien ausgestorben, die Leute, die noch fest und beharrlich auf einem Standpunkt mitten im Getriebe des sogenannten Lebens stehen. Man muß mit der Zeit gehen, ist ringsum zu hören, nur keinen Stillstand! Wer nicht tüchtig mithält und mitrennt, ist schnell weg vom Fenster, der gilt als rückständig und rettungslos von gestern. Junge dynamische Persönlichkeiten sind gefragt, moderne Menschen, die sich anpassen können. Aktive Burschen, Karrierefrauen, die beim modernen Tempo mithalten. Im Leben geht's heute rund, wenn Sie wissen, was das heißt!

Ja, wir wissen schon, keine Bange! Wir empfinden es ja selbst so. Ich habe einmal einen Kriminalfilm gesehen, fällt mir ein. Da hatte sich der Mörder, den man jagte, am Schluß auf ein Karussell geflüchtet. Und irgendwie, ich glaube durch eine falsche Schaltung, begann nun dieses Karussell sich zu drehen und loszurasen. Es war schauderhaft: Die Fahrt wurde immer schneller, die Menschen klammerten sich in ihrer Angst, weggeschleudert zu werden, an die Holzpferde, die man wie Dämonen mit aufgerissenen Mäulern auf- und niedertraben sah. An dieser Stelle gewann der Film symbolische Kraft. Denn geht's nicht auch bei uns täglich rund? Kommt es uns nicht manchmal so vor, als trieben wir auf einem irrsinnigen Karussell dahin, uns an irgend etwas festklammernd, während wir herumgejagt werden? Und eines ist sicher: Je mehr man an den Rand, nach außen gerät, desto toller wird die Fahrt, desto leichter verliert man den Halt. Beim Münchener Oktoberfest zum Beispiel ist das sogar ein besonderer Spaß, da gibt es das Teufelsrad: Wer will, setzt sich darauf, dann beginnt sich die Scheibe zu drehen, schneller, immer schneller. Und die Leute darauf werden zur Gaudi der Zuschauer hinausgeschleudert, einer nach dem andern. Nur in der Mitte ist man sicher.

So ist es: Der Mensch in der eigentlichen Mitte des Lebens steht fest. Je mehr er sich von dieser Mitte entfernt, je mehr er nach außen, an den Rand gerät, je »äußerlicher« er wird, desto toller geht es rund, desto stärker wird die Kraft, die ihn nach außen schleudert. Wie wollen wir festen Stand gewinnen, wenn wir nicht die Mitte des Lebens halten, jene geistige Mitte, die wir Gott nennen? Jenen Geist Gottes, von dem es in der Pfingst-Sequenz einmal heißt, er bedeute »in labore requies«, die Ruhe also im Getue, wenn man so will. Und doch geht von der Mitte, dem Motor, der alles in Gang setzt, der Achse, um die sich alles dreht, die ganze Bewegung aus: Gottes Geist ist das schöpferische Leben. Und wenn ich es recht bedenke, so bedeutet das Kraft und Ruhe in einem.

Tief Luft holen

Eines tun wir immer, ob wir arbeiten oder dasitzen und lesen oder auch einmal nichts tun: wir atmen. Wir atmen ein und atmen aus. Tun wir's doch jetzt ganz aufmerksam und bewußt: Einatmen – ausatmen. Luft in sich aufnehmen – Luft wieder abgeben. Luft nehmen – und geben. Einatmen – ausatmen.

Atmen ist Leben. Solange wir atmen, leben wir. Durch Nase und Mund atmen wir Luft ein, so wird die Luft angewärmt und angefeuchtet. Sie gelangt in die Luft-röhre, von da in die Verästelungen der Bronchien und endlich in die Lunge, bis in die kleinsten Kämmerchen und Luftsäckchen, die Alveolen. Diese Bewegung, das Einatmen, wird unterstützt durch Bewegungen des

Brustkorbs, des Zwerchfells. Dabei helfen Lungenfell und Rippenfell, die sich aneinander festsaugen. Zugleich strömt Blut in die Lunge, kohlensäurereiches Blut. Und nun geschieht der Gas-Austausch: Sauerstoff wird aufgenommen, Kohlendioxyd wird ausgeschieden. Einatmen, ausatmen. Atmen ist Leben. Richtiges Atmen ist wichtig. Darum gibt es Atem-Übungen.

»Das erste, was zu lehren ist, ist der Atem«, sprach Buddha der Weise. Und damit fängt das Leben des Menschen an: »Gott machte den Menschen aus dem Stoff der Erde, der Materie, und er hauchte ihm den Atem des Lebens ein«, so lesen wir auf den ersten Seiten der Bibel. – Später entfaltet der Prophet Ezechiel eine gewaltige Vision: Eine Ebene, die mit Totengebeinen übersät ist. Und der Ewige redet zum Propheten: »Sprich über diese Gebeine und sag ihnen: ›Ihr toten Gebeine, hört, was der Herr sagt: Ich hauche euch den Geist ein, damit ihr wieder lebendig werdet! Ich hauche euch Atem ein, damit ihr lebt!‹ Und während dieser Worte begann es zu rauschen und zu dröhnen. Und sie fügten sich zusammen, die Gebeine und Gelenke. Und der Ewige sprach: ›Komm herbei von den vier Winden, Geist! Hauche die Toten an, daß sie lebendig werden. Ja ich, der Herr, hauche euch meinen Geist ein, damit ihr lebendig seid und nicht tot!‹« –

Der Geist. Wenn wir einmal das hebräische Wort dafür nehmen und das entsprechende aus dem Griechischen, dann erkennen wir, daß beide die Bedeutung von Atem, Lebensatem, Hauch und Wind haben. Gottes Geist, Gottes Atem, das ist dasselbe. Wo er sich mitteilt, entsteht Leben. Das ist gemeint, wenn Jesus, der Auferstandene, sein göttliches Leben den verzagten Jüngern einhaucht: »Empfangt den Heiligen Geist!« Sein Atem soll sie erwecken aus dem Tod. Genauso, wie es der Prophet Ezechiel geschaut hat. Gottes Geist will sich ein neues Volk erschaffen. Veni creator spiritus, singen wir in pfingstlicher Freude. Komm, du schöpferischer Geist, und belebe uns!

Denn genau dies feiern wir in diesen Tagen: Da hören wir, wie Gottes Geist, Gottes lebendiger Atem wie ein Sturm über die erste Christengemeinde kommt, um sie zu erfüllen, um in ihr zu wohnen und zu wirken. »Wißt ihr nicht«, fragt Paulus, »daß ihr Heiligtum, Tempel des Heiligen Geistes seid?«

Und so betet es Augustinus uns vor in diesem unvergleichlich starken Gebet:

»Atme in mir, du Heiliger Geist, daß ich Heiliges denke!
Treibe mich, du Heiliger Geist, daß ich Heiliges tue!
Locke mich, du Heiliger Geist, daß ich Heiliges liebe!
Stärke mich, du Heiliger Geist, daß ich Heiliges hüte!
Hüte mich, du Heiliger Geist, daß ich das Heilige niemals verliere!«

Atme in mir . . . Atmen ist leben. Atemholen – und wieder ausatmen. Aufnehmen – und das Empfangene wieder hergeben. Nur so kann ich leben: Indem ich leer werde, darf ich aufnehmen und mich erfüllen lassen. Aber ich muß bereit sein, auch wieder herzugeben, im Vertrauen darauf, daß ich wieder Luft empfange, neue Luft von überallher. Einatmen – ausatmen. Aufnehmen und loslassen. Empfangen und wieder hergeben. Das, dieses Ganze, ist Leben.

Und das gilt – wie ein Wort des heiligen Vincenz Palotti es andeutet – nicht nur für den körperlichen Vorgang, sondern in einem ganz tiefen umfassenden Sinn: »Wir müssen Gott einatmen und Gott ausatmen!« sagt er. »Gott in allem finden – und Gott allem mitteilen!«

Ein neues Herz

Vor einigen Jahren machte die Presse fast über Nacht den Namen eines Mannes berühmt: Christiaan Barnard. Ihm, einem Arzt aus Südafrika, war es gelungen, Herzverpflanzungen vorzunehmen. Mit atemloser Spannung verfolgte die Welt das Geschehen. Fortschritt der ärztlichen Wissenschaft. Und doch spielte noch etwas anderes mit: Viele Jahrhunderte lang hatte man im Herzen den Sitz der Seele, des Gemütes und aller Empfindungen gesehen und besungen. Ja, das höchste Gebot lautete sogar: Du sollst deinen Gott lieben aus deinem ganzen Herzen! – Nun schienen die Herz-Operationen uns eines andern zu belehren: Das Herz ist austauschbar. Es hat mit dem Wesen des Menschen, mit seinen Gefühlen nichts zu tun. Der Mensch kann auch mit einem fremden Herzen leben. Was wir Herz nennen, ist – medizinisch gesehen – nichts als ein Organ unter anderen, es ist – sagen wir's ruhig – lediglich eine Pumpstation.

Und doch frage ich mich, ob das alles ist, was wir meinen, wenn wir vom menschlichen Herzen reden: daß einer ein gutes Herz hat, daß einem etwas ans Herz greift, daß einer seinem Herzen einen Stoß gibt. Was wollen wir sagen mit dem Wort, da leide einer am gebrochenen Herzen? Was denken wir, wenn wir Pascals Wort hören, das Herz habe seine Gründe, die die Vernunft nicht kennt? Was ist gemeint mit herzlichen Grüßen? Und können wir das noch singen, das alte liebe Lied: »Willst du dein Herz mir schenken, so fang es heimlich an!«? Wir denken dabei ja nicht an das körperliche Organ, so lebenswichtig es sein mag. Uns ist es um das Innerste des Menschen zu tun, etwas Geistiges also, seine Personmitte. Ein Herz haben, Herzensgüte, das ist das Schönste, was von einem Menschen gesagt werden kann. Das Herz ist das Organ der Liebe, es ist Triebfeder zu allem Guten, aber auch Ausgangspunkt so mancher Torheit.

Auch die Heilige Schrift spricht an zahllosen Stellen vom Herzen des Menschen: »Der Herr ist nahe den bedrängten Herzen!« Und: »Erschaffe in mir ein reines Herz, o Gott!« – »Verhärtet eure Herzen nicht!« so reden die Psalmen. »Selig sind, die ein reines Herz haben«, so hören wir es in der Bergpredigt Jesu. Das Herz, das sind wir selber. Und von uns gilt, was Augustinus in einem Gebet kaum ausschöpfbar sagt: »Unruhig ist unser Herz, bis es Ruhe und Frieden findet in dir, o Gott!«

Fragen wir es doch selbst, unser armes und so reiches Menschenherz, was wir fühlen und empfinden und wonach wir uns sehnen: »Wir seufzen in unseren Herzen und warten darauf, daß wir als Söhne Gottes offenbar werden«, schreibt Paulus in seinem Brief an die Römer. Und weiter: »Wir wissen nicht, wie wir beten sollen. Da tritt der Geist selber für uns ein, und er betet in uns mit unaussprechlichen Seufzern. Und Gott, der die Herzen kennt, er weiß, was der Geist will.« Gibt es ein Menschenherz, das sich nicht, auf welche Art auch immer, nach solcher Liebe sehnt? »Durch den Heiligen Geist«, heißt es im gleichen Römerbrief, »ist die Liebe Gottes in uns ausgegossen!«

So wird das Versprechen des liebenden Vaters wahr, der seine Geschöpfe zu seinen Kindern machen und zur Vollendung der Liebe führen will. Jenes Versprechen, das im Ezechielbuch aufgeschrieben ist: »Ich, euer Gott, will euch ein neues Herz geben und einen neuen Geist in euer Inneres legen. Das Herz von Stein will ich wegnehmen und euch ein Herz von Fleisch geben. Meinen Geist lege ich in euer Inneres!« – Das ist es, wonach sich unser Menschenherz sehnt. Das ist es, was es unruhig macht, bis es seinen Frieden findet in Gottes ewiger Liebe.

Vorsorgeuntersuchung

So manches Mal kann man das hören im Gespräch vor allem mit älteren Menschen: Hauptsache, man bleibt gesund! – Früher habe ich das nie so recht verstanden. Es gibt doch Wichtigeres, dachte ich bei mir. Und junge Menschen, Kinder gar, und auch Erwachsene bis in die Lebensmitte können, was da gemeint ist, wohl kaum empfinden. Für sie ist Gesundheit selbstverständlich; man hat sie einfach. Jüngere Menschen wissen es noch nicht, können es wohl auch nicht wissen. Sie haben noch nicht am eigenen Leibe erfahren, daß die Gesundheit ernsthaft und dauernd bedroht sein kann. Aber für jeden kommt einmal die Zeit, wo er spürt, wie wichtig es ist, daß man gesund ist.

Da ist der Gang zum Arzt, die Untersuchung. Was ist das Ergebnis, wie sieht es aus: das Herz, der Kreislauf, die Lunge, der Magen, die Leber, der Darm, die Nerven, die Zähne? Wir sind vielfach gefährdet, überall verwundbar. Manchmal erstaunt es einen, daß ein so kompliziertes Gebilde wie der menschliche Körper überhaupt so lange funktioniert. Aber eines Tages beginnt es: Irgend etwas ist nicht in Ordnung. Man spürt es, man hat Schmerzen. Der Arzt macht ein besorgtes Gesicht. Er verschreibt Medikamente: dreimal täglich Tropfen, Tabletten, Kapseln. Er gibt Anweisungen, rät zu einer gesunden Lebensweise: Mehr Bewegung. Oder Schonung. Er verbietet fette Speisen, Zucker, Alkohol, das Rauchen. Vielleicht ist ein Eingriff nötig, eine Operation. Aber es ist doch nicht bösartig, oder?

Man weiß: die gefährlichsten Krankheiten sind heimtückisch. Sie zeigen sich nicht an durch Beschwerden und Schmerzen. Eines Tages sind sie da, und dann ist es vielleicht schon zu spät. Doch es gibt heute Vorsorgeuntersuchungen, Früherkennung, Tests, Vorbeugemaßnahmen. Das ist wichtig, man soll es nicht aufschieben. Hauptsache, man bleibt gesund!

Was für den Leib gilt, daß es Gesundheit gibt und Krankheit und daß keinem die Vorsorge und der Gang zum Arzt erspart bleibt – das gibt es auch im inneren Bereich: in der geistigen Einstellung, im Denken und Fühlen. Und noch tiefer gesehen: in dem, was wir das Innerste des Menschen nennen, seine Seele.

Ja, auch der Glaube kann erkranken. Und auch da gibt es Anzeichen: Du spürst, daß du kein besonderes Interesse, keine Lust mehr hast. Du nimmst alles nicht mehr so ernst, es berührt dich nicht mehr. Du beschränkst dich auf das, was unbedingt sein muß. Sonntagsgottesdienst reicht, sagst du. Oder sogar: Man muß das nicht unbedingt, anderes ist wichtiger. Ausschlafen zum Beispiel, das muß man. Beten sollte man zwar, mindestens am Morgen, am Abend, aber . . . Viele, die sich Christen nennen, begnügen sich, lesen kaum noch in der Bibel, besuchen niemals eine Messe am Werktag. Sie tun niemals mehr etwas aus Freude, aus Eifer. Oder als ein Zeichen der Hingabe, auch als Opfer vielleicht. Nur das Minimum, meist nicht einmal das. Kann man denn nicht auch so ein Christ sein, ohne all das? Genügt es nicht, wenn man ein anständiger Mensch ist? Das ist, höre ich sagen, dem lieben Gott wohl sogar lieber als das ständige In-die-Kirche-Laufen! – Nach außen scheint noch alles irgendwie in Ordnung, zumindest für eine Weile. Aber innerlich ist vieles hohl und leer geworden. Es geht kein Impuls mehr davon aus. »Man verliert nicht den Glauben«, sagt Bernanos einmal, »er hört nur auf, dem Leben Form zu geben.« Er prägt dich nicht mehr. Und auch hier gilt: die gefährlichsten Erkrankungen kommen schleichend, ohne besondere Schmerzen und Beschwerden auf uns zu.

Aber eines Tages stellst du fest: Du lebst nicht mehr aus dem Glauben. Er bedeutet dir nichts mehr. Du denkst und empfindest und verhältst dich wie alle andern. Der Glaube ist eine Sache am Rand geworden. Eine ferne Erinnerung vielleicht noch, nicht mehr. Es ginge genauso auch ohne das.

Das aber ist der Tod des religiösen Lebens. Das Wertvollste in dir, das einzige, was wirklich zählt im Leben und über den Tod hinaus, ist erstorben. Ich sagte es schon: Auch hier gibt es Vorsorge, Früherkennung, Vorbeugemaßnahmen. Und den Gang zum Arzt sozusagen, zum Seelsorger. Selbst wenn du fürchtest, er könne dir die Wahrheit sagen und verraten, wie es um dich steht. Und er werde dir raten, was du tun, was du lassen mußt. Noch ist es Zeit. Schieb es nicht auf. Denn einmal könnte es zu spät sein.

Vom Beten

Martin Luther hat einmal gesagt: »Beten, das ist das Handwerk des Christen.« Ein schönes Wort. Aber trifft es zu; beherrschen wir dieses Handwerk noch? Sind wir darin schon Meister oder wenigstens Gesellen? Oder sollten wir sagen: Nein, bestenfalls Lehrlinge, Auszubildende sind wir. Trotz mancher Anläufe stehen wir noch ganz am Anfang! Es gibt unter getauften, ja unter gefirmten Christen nicht wenige, die sagen müssen: Um ehrlich zu sein, ich bete nicht mehr! – Andere werden einräumen: Ich bete zwar, aber eigentlich kann man das nicht Gebet nennen. Diese regelmäßigen Pflichtübungen. Diese Bittrufe, wenn ich etwas brauche! – Und manche höre ich sagen: Ich kann nicht mehr beten, ich schaffe das nicht. Aber ich wünschte, ich könnte es. Ich beneide alle, die das können. Es muß ein großer Halt sein . . .

Daneben eher leichtfertige Bemerkungen, Rechtfertigungen auch wohl: Was soll's? Beten hilft ja doch nicht! Ich habe das längst aufgegeben! Auch Enttäuschung klingt dabei mit. Und doch habe ich manchmal das Gefühl: Mehr Menschen, als man nach außen hin annimmt, tun in ihrem Inneren, was wir beten nennen. Vielleicht ist es ihnen selber gar nicht bewußt. Ich zweifle sogar, ob es so etwas überhaupt gibt: einen ganz verschlossenen, nur an sich selbst interessierten, keiner Regung des Bewunderns und Bittens mehr fähigen Menschen. Denn darauf liefe es doch hinaus!

Wie kaum ein anderer hat Friedrich Nietzsche versucht, ohne Gott zu leben. »Man muß das Verhängnis aus der Nähe gesehen haben«, so schildert er diesen Versuch, »man muß es an sich erlebt, man muß an ihm fast zugrundegegangen sein, um hier keinen Spaß mehr zu verstehen.« Einem seiner Freunde, der leichthin ohne Gott und Gebet auszukommen gedachte, stellte er die Frage, ob er denn wisse, was das bedeute. Und er schrieb ihm: »Du wirst niemals mehr beten, niemals mehr anbeten, niemals mehr in endlosem Vertrauen ausruhen. Du versagst es dir, vor einer letzten Weisheit, letzten Güte, letzten Macht stehenzubleiben und deine Gedanken abzuschirren. Du hast keinen fortwährenden Wächter und Freund für deine sieben Einsamkeiten. Du lebst ohne den Ausblick auf ein Gebirge, das Schnee auf dem Haupte und Glut in seinem Herzen trägt. Es gibt für dich keinen Vergelter, keinen Verbesserer letzter Hand mehr. Es gibt keine Vernunft mehr in dem, was geschieht, keine Liebe mehr in dem, was dir geschehen wird, deinem Herzen steht keine Ruhestatt mehr offen, wo es nur zu finden und nicht mehr zu suchen hat. Du wehrst dich gegen irgendeinen letzten Frieden. Mensch der Entsagung, in alledem willst du entsagen? Wer wird dir die Kraft dazu geben? Noch hatte niemand diese Kraft!« Und an anderer Stelle: »Um Mitternacht schleicht der Mensch an das Grab seines Gottes. Dort, wo ihn niemand sieht, vergießt er seine Tränen, denn seine Seele weiß, was sie verlor.«

Beten gehört zum Menschen, so sind wir gedacht und gemacht. »Ein Vogel ist ein Vogel, wenn er fliegt. Eine Blume ist eine Blume, wenn sie blüht. Ein Mensch ist ein Mensch, wenn er betet.« Ein Wort von Phil Bosmanns. Beten kann man nicht lernen wie eine bestimmte Fertigkeit, wie eine Fremdsprache. Wir müssen es entdecken als eine Regung aus der eigenen Tiefe, als eine Bewegung unseres innersten Wesens. Es gehört zu uns wie der Atem, wie das Klopfen unseres Herzens, wie das Pulsieren unseres Blutes. Wir achten nicht darauf, aber hätte es nur für einige Minuten ausgesetzt, das Herz, wir lebten nicht mehr. Wir wären gestorben.

Beten bedeutet nicht zuerst: Worte machen, Worte hersagen. Es heißt auch nicht unbedingt, sich etwas Bestimmtes vorstellen können, etwa eine übermenschliche Person, an die man hinredet, die man anspricht. Beten ist ebenso Schweigen, Warten, Hinhören. Beten kann Klage sein und Frage, Dankbarkeit kann es sein oder Hoffnung und Wunsch nach Geborgenheit. Beten, das mag Bewunderung heißen, aber auch Sorge um einen geliebten Menschen. Liebe kann es sein, dies vor allem. Denn Gott, den alles Beten meint, ist nicht nur über uns, außerhalb also. Er ist, wie ein schönes Gebet von Kardinal Newman sagt, auch in uns:

»Gott, du bist im Innersten meines Herzens. Du bist das Leben meines Lebens. Jeder Atemzug, den ich atme, jeder Gedanke meines Geistes. Jedes gute Verlangen meines Herzens ist von deiner Gegenwart in mir bestimmt, unsichtbarer Gott. O sei immer bei mir. Und wenn ich versucht bin, dich zu lassen, dann, o mein Gott, laß du mich nicht!«

In der Schule des Meisters

Niemand ist vollkommen, hört man gelegentlich sagen. Mit Recht, ich weiß. Und doch geht mir ein Wort nach, das solchem Sichabfinden zuwiderläuft, ihm widerspricht: »Seid vollkommen, wie euer himmlischer Vater vollkommen ist!« Was dieses Jesus-Wort besagt, und in welche Richtung es mich weist, ist mir an einem kleinen Buch aufgegangen, das ich las; möglicherweise zählt es zu denen, die ich auf die oft beschworene einsame Insel mitnähme.

Eugen Herrigel berichtet darin aus eigenem Erleben in Japan, wie ein Meister des Zen seine Schüler in die hohe Kunst des Bogenschießens einführt. Man könnte auch sagen: in die Vollkommenheit. Ein Jahr lang, so lese ich, üben sie unter Anleitung des Meisters die gleiche Zeremonie: das Herantreten und Verneigen, das Halten und Spannen des Bogens, das rechte Atmen, und in alledem das Verweilen in höchster Wachheit, die geistige Konzentration. Und wieder folgen viele Monate des Übens – es ist faszinierend, das mitzuverfolgen –, und noch immer kein einziger Schuß. Der muß eines Tages von selbst kommen, ganz losgelöst vom eigenen Wollen, absichtslos, ich-los, selbstvergessen. Aber bis dahin vergehen weitere Monate des ständigen geistigen Mühens, Monate und Jahre.

Eines Tages führt der Meister den Schüler am späten Abend wieder in die Schießhalle. Er weist ihn an, vor der Mitte der Scheibe eine lange Kerze, dünn wie eine Stricknadel, zu entzünden. Der schwache Lichtschein läßt kaum den Ort der Scheibe erkennen; sie ist etwa sechzig Meter entfernt. Der Meister meditiert das im Dunkel liegende Ziel, eine lange lange Zeit. Dann hebt er den Bogen und schießt den Pfeil »aus strahlender Helle in tiefe Nacht«, und er trifft. Ebenso der zweite Schuß. Beide Pfeile stecken ineinander, genau in der Mitte der

Scheibe. »Es hat geschossen«, sagt der Meister, »verneigen wir uns vor dem Ziel!«

Das hatte er kaum gesehen; er hatte das Ziel meditiert. Muskelanspannung, Sehen, Zielen, Schießen – alles gehorchte dem geistigen Vorgang, war nur letzte Auswirkung dessen, was sich da innerlich vollzogen hatte. Bogen und Pfeil, Schütze und Ziel waren eins geworden. »Auch mit verbundenen Augen«, sagt der Meister, »kann man das Ziel treffen.«

Kaum zu glauben, dachte ich, als ich das las. Das sind Bereiche und Fähigkeiten, die uns Menschen in unserer gegenwärtigen Geisteswelt wohl verschlossen bleiben. Wir können das nicht, werden es nie dahin bringen: So gesammelt sein. So den Bogen spannen, so atmen und eins werden mit dem Pfeil und dem Ziel. Ganz, mit aller Aufmerksamkeit, dieser einzigen Übung hingegeben, über Monate und Jahre hin. Wer von uns vermag das, wer will es auch nur: solche Vollkommenheit erreichen? Und selbst wenn es dabei um mehr und um anderes geht als um Bogenschießen (auch dies ist ja nur Übung, ein Weg sozusagen), wer müht sich darum? Aber wenn es endlich gelingt, welche gesammelte geistige Kraft muß davon ausgehen!

Davon spricht ein Wort des Matthäus-Evangeliums, das mich immer schon staunen ließ: »Als die Jünger mit Jesus allein waren«, heißt es da, »wandten sie sich an ihn und fragten: Warum konnten denn wir die Dämonen nicht austreiben? Er antwortete: Weil euer Glaube so klein ist. Amen, das sage ich euch: Wenn euer Glaube auch nur so groß ist wie ein Senfkorn, dann werdet ihr zu diesem Berg sagen: Rück von hier nach dort, und er wird wegrücken. Nichts wird euch unmöglich sein!« – Und später fügt der große Meister, wie die Jünger ihn nennen, hinzu: »Alles, was ihr im Gebet erbittet, werdet ihr erhalten, wenn ihr glaubt!«

Das sind Worte, die mir bei aller Begrenztheit, die ich

täglich erfahre, doch eine neue tiefere Wirklichkeit des Lebens erschließen. Vollkommenheit, so könnte man es nennen.

Gesammelte Aufmerksamkeit

Eine fremde Welt ist das für uns: Tibet. Hohe schneebedeckte Berge in ewiger Einsamkeit. Geheimnisvolle Klöster, Mönche im gelben Gewand, die sich nach strengen Regeln der Übung des Schweigens, der Versenkung hingeben.

Von einem ihrer Meister wird erzählt, daß er seine Schüler, junge Männer von siebzehn, achtzehn Jahren, um Mitternacht an einen vereisten Bergsee führt. Dort ziehen sie sich aus, hauen das Eis auf, tauchen ihre Kleider in das eisige Wasser. Dann ziehen sie die nassen Sachen wieder an und lassen sie an ihrem Körper trocknen. Siebenmal wiederholen sie diese Handlung, dann kehren sie zur Morgenandacht in das Kloster zurück.

Ein andermal steigen sie auf den Gipfel eines fünf-, sechstausend Meter hohen Berges. Oben angelangt, setzen sie sich nieder, atmen tief und rhythmisch, mit entblößtem Oberkörper. Es ist kalt, doch sie frieren nicht. Sie halten einen Becher mit Eiswasser in der Hand, schauen es an, versammeln sich in sich. Alle Aufmerksamkeit, alle Kraft richten sie auf das eisige Wasser, bis es sich erwärmt und schließlich zu kochen beginnt. Dann bereiten sie den Tee. Der Meister aber sammelt seine Schüler und ruft ihnen zu: »Wehe dem, der die Quelle des Glückes nicht in sich hat! . . . Wehe dem, der nicht fühlt, daß dieses und das andere Leben eine Einheit bilden!«

Erstaunlich, werden Sie sagen, das ist kaum zu glauben! Auch mich hat es beeindruckt, als ich auf diese Schilderung gestoßen bin. Nun ja, dachte ich, das ist in einem Roman zu lesen. Aber was Nikos Kazantzakis – eher beiläufig – in »Alexis Sorbas« beschreibt, ist nicht erfunden. Schon Anfänger – ließ ich mir sagen – lernen in diesen Klöstern »tummöme« zu praktizieren, »die innerste Glut«. Die Kunst nämlich, die eigene Körperwärme in einer bestimmten Leibesregion zu sammeln und zur Wirkung zu bringen. Ähnliches läßt sich nachweisen auch aus dem Bereich der christlichen Mystik, aus dem Leben der Heiligen; wir sollten es nicht vorschnell als fromme Legende abtun. Solche wundersam klingenden Berichte lassen uns ahnen, daß im Menschen geradezu unglaubliche innere Kräfte entwickelt und freigesetzt werden können, geistige Energien sozusagen. Freilich, derartige Fähigkeiten erwachsen nur aus jahrelanger geistiger Übung, aus intensivem Bemühen um Versenkung. Solche Menschen, lese ich weiter, »konzentrieren ihren Geist auf eine einzige und immer die gleiche Sache und verrichten Wunder . . . Wenn man eine Linse in die Sonne hält und ihre Strahlen in ein und denselben Punkt sammelt, so fängt unser Punkt bald Feuer. Und warum? Weil die Sonnenkraft nicht zersplittert, sondern ganz in diesem einen Punkt gesammelt ist. Genauso verhält es sich mit dem Geist der Menschen. Du kannst Wunder tun, wenn du deinen Geist nur auf einen einzigen, immer gleichen Gegenstand richtest.«

Das alles klingt nach in mir: das, was die Mönche üben und tun, die Kraft, die ihnen daraus erwächst. Und die Worte: »Wehe dem, der die Quelle des Glückes nicht in sich trägt . . . Wehe dem, der nicht fühlt, daß dieses und das andere Leben eine Einheit bilden!« Und selbst wenn ich das nicht vermag und niemals zuwege bringen werde, einen Becher mit eisigem Wasser in die Hand nehmen und durch gesammelte Aufmerksamkeit erwärmen, dies ist ein Gedanke, der mich nicht losläßt, der auch für mich gelten und mit mir in diesen Tag gehen will – die Quelle des Glückes ist in uns. Auch wenn ich sie nicht entbinde:

in uns, in mir liegt eine große und wunderbare Kraft verborgen. Dieses und das andere Leben sind eins! Nicht zertrennt also: Diesseits und Jenseits. Gott und die Welt. Hier ich, dort die Dinge. Erst Gottesliebe und dann Nächstenliebe. Nein, alles ist eins: »Du sollst Gott, deinen Herrn, lieben aus deinem ganzen Herzen, aus deiner ganzen Seele, aus deinem ganzen Gemüt und mit allen deinen Kräften – und deinen Nächsten wie dich selbst!« Das sind nicht zwei Gebote, sondern eines.

Das ist sie, denke ich, die eine Stelle, in der sich alle Strahlen der Sonne sammeln wie in einem Brennpunkt. »Eines nur ist notwendig«, sagt Jesus den beiden Frauen, in deren Haus, in deren Herz er einkehren will. Und was ist das, dieses Eine? frage ich. »Suche zuerst das Reich Gottes und seine Gerechtigkeit«, sagt der Herr zu mir, »und alles andere wird dir dann hinzugegeben werden.«

Mein Traum

Wenn ich morgens aufstehe in der Frühe, suche ich mich manchmal meiner Träume zu erinnern. Wie war das noch: Träumte ich nicht von einer Reise in ein fernes Land? An ein Schiff kann ich mich erinnern, an das Meer . . . Und daß ich wieder in die Schule ging, ein Kind war . . . Aber die Umrisse lösen sich auf; ich vermag das nicht mehr zusammenzubringen. Nur selten ist mir ein Traum beim Erwachen noch so in Erinnerung, daß ich ihn erzählen könnte. Oder gar deuten. Soll man etwas auf Träume geben? Was bedeuten sie? Und wohin wollen sie uns führen?

Aus der Welt der frommen chassidischen Juden überliefert Martin Buber folgende Legende. Sie lautet, frei nacherzählt, so: Wenn junge Leute zum erstenmal zum berühmten Rabbi Bunam kamen, dann trug er ihnen gern die Geschichte von Rabbi Eisik, Sohn Rabbi Jekels in

Krakau, vor: Dem war nach Jahren schwerer Not, die sein Gottvertrauen nicht erschüttert hatten, im Traum befohlen worden, in der Stadt Prag an der Brücke, die zum Königsschloß führt, nach einem Schatz zu suchen. Als der Traum zum drittenmal wiederkehrte, machte sich Eisik auf und wanderte nach Prag. Dort an der Brücke aber standen Tag und Nacht Wachposten, und er getraute sich nicht zu graben. Doch kam er an jedem Morgen wieder zur Brücke und umkreiste sie bis zum Abend. Endlich fragte ihn der Hauptmann der Wache, auf sein Treiben aufmerksam geworden, ob er hier etwas suche oder auf jemanden warte. Da erzählte der Rabbi, ein Traum habe ihn aus fernem Land hierher geführt. Der Hauptmann lachte: Ach, und da bist du armer dummer Kerl mit deinen zerrissenen Schuhen allen Ernstes einem Traum zuliebe hergepilgert! Ja, wer an so etwas glaubt! Da hätte ich mich am Ende ja auch auf die Beine machen müssen. Denk dir, vor kurzem erst träumte mir, ich solle nach Krakau wandern, um dort in der Stube eines Juden unterm Ofen nach einem Schatz zu graben, Eisik, Sohn Jekels, sollte er heißen. Stell dir das vor: Wie ich dort, wo gewiß die eine Hälfte der Juden Eisik und die andere Hälfte Jekel heißt, alle Häuser aufreiße! – Und er lachte wieder. Rabbi Eisik aber verneigte sich und wanderte heim. Er grub in seiner Stube unterm Ofen und fand den Schatz. Und er baute davon das Bethaus, das Reb Eisik Reb Jekels Schul heißt.«

Eine merkwürdige Erzählung ist das. Die Geschichte von einem Traum, die jedem, der sie hört und bedenkt, wieder zu einem Traum werden kann. Die Geschichte von einem Menschen, der der geheimen Botschaft, die ihm zuteil geworden ist, traut. Der die gewohnte Umgebung, sein Haus, mehr noch, die Welt der Tatsachen, die Realität also, einem Traum zuliebe verläßt. Der sich auf den Weg macht. Alsbald – wen wundert's – stößt er jedoch auf die harte Wirklichkeit: Der Ort ist bewacht.

Da sind Soldaten, die ihm das Graben verwehren. Und da ist der Hauptmann, der rein gar nichts auf Träume gibt. Unsinnig sei es, Träumen nachzulaufen. Aber gerade er, der an nichts glaubt, ist dazu ausersehen, dem frommen Rabbi das neue Stichwort zu übermitteln, das Schlüsselwort für den geheimnisvollen Traum, die Lösung sozusagen.

Und der Rabbi folgt erneut der Spur und geht den Weg zurück. Aus dem mitleidigen Spott noch hört er die Weisung heraus. Er nimmt wahr, was andere nicht erkennen, was es nicht gibt, wie sie sagen. Ohne es zu wissen, ohne selber daran zu glauben, leiten sie Einsichten an ihn weiter, auf die er von sich aus nicht gekommen wäre. Doch weil er aufmerksam ist auf die Zeichen an seinem Weg, entdeckt er schließlich den Schatz, der in seinem Haus, in ihm selber verborgen ist.

In der Bibel begegnen sie uns oft: Solche Menschen, die Weisungen folgen, die sie im Traum empfangen haben. Die ihre gewohnte Umgebung verlassen und Sternen nachgehen, die ihnen erschienen. Und die selbst im hellen Licht des Tages wie im Traum einer geheimen Spur folgen.

Vielleicht – wer weiß? – bin auch ich heute auf solche Weise unterwegs durch diese alltägliche Welt. Auf mancherlei Wegen und auch Umwegen, deren Sinn sich erst vom Ende her erschließt und zum Ganzen fügt. Es wäre ja möglich, daß das Glück, dieser Schatz, von dem ich träume und den ich irgendwo in der Ferne suche, mir ganz nahe, ja in mir verborgen ist. Ich müßte es nur finden, das Glück.

Zwei, die sich lieben

»Man kann nicht nur auf Probe lieben«, sagte der Papst in Köln. Oder doch? – Ein junges Paar sitzt mir gegenüber. Die beiden haben sich zur kirchlichen Trauung angemeldet. Der Hochzeitstermin steht schon fest. Nun sprechen wir alles durch. Ich habe die Personalien aufgenommen, die üblichen Fragen gestellt. Die jungen Leute – in der Kirche habe ich sie nie gesehen – sind mir sympathisch. Es ist ein gutes freundliches Gespräch.

Ob sie eine christliche Ehe schließen wollen? – »Na klar, sonst wären wir ja wohl nicht hier!« meint er. Immerhin, sage ich, die Trauung allein macht's ja noch nicht. Das mit der christlichen Ehe beginnt damit erst, die Hochzeit ist nur der Anfang. Und ich erzähle ein wenig, wie ich mir das vorstelle, wie die Kirche sich das denkt, nachher im Alltag einer Ehe: das Christliche. Und was das alles heißen kann. Überhaupt, sich lieben, diese Liebe zu vertiefen und auch zu bewähren in den Krisen, die kaum ausbleiben werden. Sich treu sein, zusammenhalten, bis der Tod scheidet. Und ich versäume nicht, darauf hinzuweisen, daß das, rein menschlich gesehen, sehr schwer und – wie viele heute meinen – fast unmöglich sei. Aber der Glaube, die gemeinsame Verantwortung vor Gott und das feste Vertrauen auf seine Hilfe werden es möglich machen.

Die beiden scheinen einverstanden. Aber ich habe den Eindruck, daß sie meine Worte als Predigt nehmen: klingt ja schön, aber doch ein Stockwerk zu hoch für uns! – Nun sagt doch mal selbst, wie ihr euch eure gemeinsame Zukunft vorstellt, sage ich. Es muß doch schön sein, von euerm Glück zu reden, daß ihr beiden euch gefunden, daß ihr euch gern habt.

»Wissen Sie«, sagt schließlich der Bräutigam, »ich sag's ehrlich. Warum wir jetzt heiraten, das ist in erster Linie, weil die Eltern, vor allem ihre Eltern« – Blick hinüber zur

Braut – »ständig sauer sind. Immer meckern die, daß wir nur so zusammenleben. Wir finden aber beide« – wieder ein Blick zur Braut, die jetzt unter sich schaut –, »ein Trauschein ist nicht so wichtig. Bei uns ändert sich auch nichts durch eine Trauung. Wir lieben uns. Und zusammen leben wir so und so« – Seitenblick zu ihr: »Sag halt du auch mal was!«

Im weiteren Verlauf des Gesprächs, das fast ausschließlich der junge Mann bestreitet, stellt sich heraus: Was ihn – einziges Kind übrigens – betrifft, so ist er von daheim weg, weil er sein eigenes Leben führen wollte, unabhängig, ganz nach seinen Wünschen. Weil er die ständige Aufsicht, die Vorhaltungen zu Hause leid war. Er ist beruflich stark engagiert und pflegt auch verschiedene Hobbys. So empfand er die Wohngemeinschaft mit dem Mädchen einfach als praktisch. Da kann er so ziemlich alles machen, was er will. Da hat er, was er braucht, ohne große Folgen. Sie sorgt für ihn. Sie ist da für ihn. Er findet das gut. Solange es so geht wie jetzt.

Sie sieht das doch etwas anders: »Ein bißchen mehr Zeit könntest du schon haben für mich«, sagt die junge Frau, die bisher kaum geredet hat. »Immer soll ich mich nach dir richten!« Es stellt sich heraus, daß sie – als Jüngste von drei Geschwistern – daheim immer auf die andern Rücksicht nehmen mußte. Sie fühlte sich nie ganz ernstgenommen. So war die Verbindung mit ihrem Freund auch für sie eine Art von Befreiung. Aber nun fürchtet sie, in eine neue Abhängigkeit geraten zu sein: »Ich möchte auch mal tun, was ich will!« Warum soll er nicht auch einmal Rücksicht auf sie und ihre Interessen nehmen und etwas tun, weil sie es eben möchte? –

»Aber wieso denn«, sagt er gleich, »du hast doch alles, oder? – Na ja«, fügt er hinzu, nachdem sie nichts erwidert, »wenn es eines Tages nicht mehr so klappt mit uns, kann man ja auseinandergehen. Dann lösen wir die Sache auf«, meint er, »in aller Freundschaft. Dann war's halt nichts,

Pech . . .« – »Da bin ich anderer Meinung«, hält sie dagegen, »man kann nicht einfach eines Tages Schluß machen und sagen: Da war nichts mit uns!«

Eine Weile geht das so hin und her zwischen den beiden. Schließlich meint er: »Ich versteh' das nicht, wir lieben uns doch!« – Und sie, nachdenklich: »Schon, aber ich meine, irgendwie fangen wir erst damit an zu merken, wer jeder wirklich ist und was das Gemeinsame bei uns ausmacht . . . Ist eigentlich gar nicht so einfach, Herr Pfarrer«, schaut sie mich an, »und wir hatten schon gemeint, es sei doch alles längst klar zwischen uns!«

Wünschen wir den beiden, daß sie wirklich zueinander finden. Und beieinander bleiben! »Man kann nicht nur auf Probe lieben«, sagte der Papst in Köln, »man kann nicht nur auf Probe sterben. Man kann nicht nur auf Probe lieben, nur auf Probe und Zeit einen Menschen annehmen.« Und genauso ist es.

Ein Kind ist ein Wunder

Vor ein paar Tagen erhielt ich einen Brief. Ich war ein bißchen überrascht, als ich ihn bei der Post fand, denn ich hatte von der Absenderin fast ein Jahr lang nichts mehr gehört. Sie war in eine entfernte Stadt gezogen; da verliert man leicht die Verbindung. Allerdings, vor einiger Zeit hatte eine ihrer früheren Kolleginnen, die ich traf, erzählt, ihre Freundin erwarte ein Kind. Nein, sie sei nicht verheiratet, das sei wohl auch nicht geplant, im Augenblick jedenfalls nicht. So fest sei die Beziehung wohl nicht. Und ich wisse ja, sie habe da eine sehr eigene, freizügige Auffassung. Nun, ich konnte mich an die junge Frau gut erinnern, auch an so manche Ansicht, die sie vertrat. Nur – das mit dem Kind paßte nicht so ganz in das Bild, das ich von ihr hatte. – Aber nun war also ein Brief da. Ich begann zu lesen, und ich gestehe: es rührte mich, was sie da schrieb. Ich lese Ihnen ein paar Sätze daraus vor. Der Verfasserin wird es recht sein, denke ich:

»Während ich Ihnen endlich den längst fälligen Brief schreibe, um zu erzählen, wie es mir geht, schläft im Nebenzimmer der Kleine, nun beinahe schon zwei Monate alt. Ja, ich hab' ein Kind, denken Sie nur, ein richtiges lebendiges Kind. Unbeschreiblich. Ein Wunder, so ein kleines Wesen. Ich kann kaum etwas dazu sagen; auf Wunder war ich nicht vorbereitet. Ich wollte, nachdem ich mal ja dazu gesagt hatte, die Sache nur gut machen. Dann plötzlich nach argen Geburtsschmerzen ein kleines Etwas, das die Stirne kraust und strampelt und schreit. Eigenes Fleisch, vollkommen vertraut. Und doch ein anderes, fremdes Wesen. Woher? Unbegreiflich. Und wie das dann wächst, menschlicher wird, zu lächeln beginnt und zu lallen – eigentlich faß' ich's immer noch nicht. Ich nehm's halt hin und bin froh, einfach nur froh. – Sie sehen, es geht uns gut. Der Kleine kommt bei soviel mütterlichem Glück auch auf seine Kosten und gedeiht prächtig. In zwei Wochen beginne ich wieder zu arbeiten, halbtägig, ein langweiliger Job, aber der Kleine kann mit, und finanziell reicht es so eben. Es wird schon weiterge-hen. Vielleicht sogar sinnvoller als bisher, ich weiß nicht. Jedenfalls macht so ein Kind die Anpassung vollkommen. Mütter steigen nicht mehr auf die Barrikaden. Sie sehen, es fällt mir nichts anderes ein, als über mein Kind zu reden. Ich hätte es nie gedacht. Aber es hat mich total umgehauen. Ich bin wie ein anderer Mensch geworden.«

Soweit der Brief. Und sagen Sie selbst: Ist das nicht geradezu ansteckend, die innere Freude dieser jungen Mutter, die es wahrhaftig nicht leicht hat, noch haben wird? Dieses Staunen über ein lebendiges Wesen wie dieses winzige Kind, diese Daseinsfreude, dieses Ver-trauen in das Leben – ist das nicht ansteckend? Dieses Gefühl, das aus den Worten spricht: Dieses kleine Menschenkind ist wie ein Geschenk, wie ein Wunder . . .

Ich denke, so empfinden es viele Mütter und Väter. Und auch alle, die verliebt sind, werden es mir bestätigen: Dieser Mensch, der mir begegnet ist, den ich liebhaben darf, ist ein wundervolles Glück für mich. Es ist einfach schön, daß es ihn gibt und ich ihn kennen und lieben und zu ihm gehören und für ihn dasein darf! All das ist doch nicht selbstverständlich. Nein, nichts ist selbstverständlich. Wie schrieb die junge Frau: Es ist wie ein Wunder. Ich kann kaum etwas dazu sagen, auf Wunder war ich nicht vorbereitet! – Und doch werden sie uns zuteil, die Wunder des Lebens, und darum laßt sie uns feiern miteinander. Es ist ja nicht selbstverständlich, daß wir leben und geliebt werden. Und daß wir lieben dürfen.

Dem hab' ich's gesagt

Ein paar freundliche Worte möchte ich finden, wenigstens jetzt, am Anfang des Tages. Denn nachher . . . ich hab' doch recht: Was wir uns so sagen gegenseitig, den lieben langen Tag lang, das klingt nicht immer gelassen, heiter und wohlwollend. Nein, geben wir's zu: im Alltag gehen wir oft wenig freundlich miteinander um. Ein Wort gibt das andere. Der eine ist gereizt, der andere schlecht gelaunt, und ich bin dann eben auch verärgert. Es ist ja gar nicht so einfach, höflich und nett zu sein. Wir sind nämlich ein ehrliches Volk. Und das heißt: wir meinen durchweg, was wir sagen. Oder – und das ist durchaus nicht dasselbe – wir sagen fast immer, was wir meinen. »Dem hab' ich aber heute mal Bescheid gesagt!« Wenn einer die Wahrheit sagt, dann ist das hierzulande fast immer gleichbedeutend mit: Dem hab' ich allerhand an den Kopf geworfen!

Es scheint, als gebe es nur unangenehme und böse Wahrheiten. Warum sagt man eigentlich nicht: »Also dem habe ich heute aber mal die Wahrheit gesagt.

Schließlich mußte es einmal gesagt werden, daß er immer so hilfsbereit ist und das auf eine so nette und selbstverständliche Art und Weise!« Warum bringt man so selten etwas Lobendes über die Lippen, das hören wir doch alle gern? Nein, wer bei uns Komplimente macht und etwas Freundliches äußert, der macht sich fast schon verdächtig. Nanu, denkt man, was will der denn von dir, da steckt doch was dahinter? Für nichts und wieder nichts sagt der doch nicht so hübsche Sachen!

Ja, warum eigentlich nicht? Warum zum Kuckuck fällt es mir manchmal so schwer, etwas Schönes zu sagen, etwas Erfreuliches, ein Lob? Ich meine gar nicht solch phantasielose Redewendungen wie: »Sie sehen aber heute wieder reizend aus!« Nein, es gibt doch wirkliche Glückwünsche: eine ehrliche Anerkennung, ein von Herzen kommendes Lob. Eben das, was wir ein Kompliment nennen. Dazu ist freilich ein bißchen Phantasie nötig. Einer schönen Frau zu sagen, sie sei schön – einer klugen, sie sei klug –, das ist ja eigentlich noch kein umwerfendes Kompliment. Die Schöne weiß ohnehin, das sie gut aussieht, und die Kluge, daß sie gescheit ist. Aber ob ihr schon gesagt wurde, daß sie wie keine andere lachen oder gut zuhören und Anteil nehmen kann? Auch der erfolgreiche Geschäftsmann weiß natürlich, daß er erfolgreich ist. Das brauche ich ihm nicht auch noch zu sagen. Aber er wird innerlich aufleben, wenn er hört, daß man ihn für einen Kunstkenner oder einen guten Tennisspieler hält. –

Aber sag das bitte nicht, weil es dir womöglich Vorteile bringt, einem anderen zu schmeicheln. Da bist du bald durchschaut. Sag es, weil es dir Freude macht. Weil es deine Entdeckung ist. Richtige, von Herzen kommende und deshalb auch zu Herzen gehende Komplimente kann man nur machen, wenn man den, dem man es sagt, erfreulich findet. Wenn man – bei allen Schwächen, die man nicht übersehen kann – die guten Seiten, den guten

Willen wenigstens bei ihm anerkennt. Das ist die Voraussetzung. Man muß das Erfreuliche sehen. Man könnte es Wohlwollen nennen. Vielleicht sogar Liebe, wenn man dieses so arg mißbrauchte wunderschöne Wort im besten Sinne nimmt. Denn Liebe macht sichtbar, was sonst unsichtbar ist. Sie läßt hervorkommen und aufblühen, was für gewöhnlich versteckt, ja vielleicht verkümmert in uns allen lebt.

Auch Gott gegenüber ist das so. Selbst wenn wir zu ihm beten, ihn also anreden, mit ihm sprechen – wir wissen ja durchweg nur noch Bitten vorzutragen, hab' ich nicht recht? Nun ja, Not lehrt beten, heißt es, und wer hat keine Nöte! Aber Beten, das besagt ja ebenso und noch mehr: bewundern, loben, anbeten. Das aber kann ich nur, wenn ich gerne lebe. Wenn ich alles, was ist, im letzten doch erfreulich finde. Wenn ich das Leben, alles Lebendige, wenn ich seine Geschöpfe, seine Werke liebe. Wer das nicht kann, wer nicht liebt, der lebt am eigentlichen Leben vorbei. Der hat wohl auch von Gott nicht viel begriffen. Denn das hängt ja alles mit ihm zusammen. Das ist er, wenn ich sage: das Leben, die Liebe! Und darum will ich diesen Tag heute beginnen, mehr noch: feierlich eröffnen will ich ihn mit Worten wie diesen: Wir loben dich, wir preisen dich. Wir beten dich an, wir sagen dir Dank für deine große Herrlichkeit!

Beim Namen genannt

Das war wohl immer so, und vielleicht muß es so sein: Zu einer großen Veranstaltung, einem bedeutenden Ereignis, einem Fest findet sich alles ein, was »Rang und Namen« hat. Mancher achtet sehr darauf, ob sein Name nachher in der Zeitung auch gebührend erwähnt wird: der Politiker, der die Versammlung beehrt oder gar eine Rede gehalten hat, der Musiker, der ein Konzert gegeben, der

Architekt, der etwas gebaut, der Vereinsvorsitzende, der den Jahresbericht vorgetragen hat. Der Fußballer sucht montags im Sportteil das Spiel seiner Mannschaft und möglichst auch den eigenen Namen. Manch einer bringt es dahin – oder versucht es doch, wenn nötig mit allen möglichen Tricks –, daß sein Name in aller Mund ist (und natürlich bleibt, auch dafür muß man sorgen). Ebenso wenn der Name für ein Unternehmen, eine Firma, für ein Firmenprodukt steht, Kleider, Bücher, Nudeln oder ein Waschmittel: es kostet allerhand, bis das sich einprägt und zum Begriff wird. Ja, es ist eine seltsame Sache mit dem Namen, den einer hat, den sich einer macht. Unser Name steht für uns selber. Wir haben ihn ererbt von unseren Vorfahren. Wir tragen ihn ein Leben lang. Und es liegt an uns, ob dieser Name einen guten oder schlechten Klang bekommt. Den Namen geben wir an unsere Kinder weiter. Als Verpflichtung. Oder Belastung.

Das ist die eine Seite. Es gibt freilich auch die andere: Vor einigen Tagen las ich in der Zeitung eine leider schon alltägliche Meldung. Zwei Autos waren zusammengestoßen. Außer Sachschaden, wie man sagt, gab es zwei Verletzte. Es stellte sich heraus, daß der Unfall durch einen Fußgänger verursacht worden war, der an einer unübersichtlichen Kurve unerwartet und schnell noch über die Straße lief. Der Wagen wollte ihm ausweichen und streifte dabei ein entgegenkommendes Fahrzeug. Der Fußgänger aber, so hieß es nachher, konnte nicht ermittelt werden. Obwohl an dem ganzen Unglück schuld, war er sogleich in der Menge untergetaucht. Niemand kannte ihn, niemand wußte seinen Namen. Er versteckte sich in der namenlosen Masse. Das kommt häufig vor, auch bei anderer Gelegenheit. Viele wollen anonym bleiben. Sie wissen zwar was, reden auch darüber, wollen aber nicht, daß ihr Name dabei genannt wird. Aus Bescheidenheit womöglich. Meist aber aus anderen Gründen. Es gibt Menschen, die reden, behaupten, verleumden aus dem Hintergrund. Sie schreiben anonyme Briefe, vielleicht sogar »im Namen aller Anwohner«, »aller Anständigen«. Nur nicht unter dem eigenen Namen. Der soll aus dem Spiel bleiben. Warum? Man will keine Scherereien kriegen. Denn mit seinem Namen müßte man ja einstehen für das, was man sagt, was man schreibt, was man tut.

Aber so sind wir Menschen. Einerseits fordern wir Anerkennung, und wehe, wenn man uns die versagt. Dann wieder wollen wir unerkannt bleiben. Je nachdem. Unser Verhalten bürgt halt nicht immer für Qualität. Darum soll der Name aus dem Spiel bleiben. Ob Gott da auch mitspielt? Dieses Rumpelstilzchen-Spiel: Ach, wie gut, daß niemand weiß . . .? Nein, Gott kennt mich: »Ich habe dich bei deinem Namen gerufen«, lese ich in der Bibel, »du bist mein!« Vor ihm, der unser Innerstes kennt und durchschaut, kann sich niemand verstecken. Wir sind erkannt, durchschaut sind wir. Aber das heißt auch: Gott sieht. Er ist mir nahe, wo niemand mich versteht, niemand mich beachtet, niemand mich achtet. Er hört auch, wenn mein Innerstes zu ihm betet: Herr, dein Name werde geheiligt!

Das Urlaubsgepäck

Viele sind jetzt unterwegs. Andere haben den Urlaub noch vor sich. Und selbst wer nicht dran denken kann dieses Jahr, weiß doch, wie das ist: Verreisen und Koffer packen. Wer erinnert sich nicht an die schwierigen Überlegungen: Was nimmt man mit? Was brauchst du? Was läßt du daheim? Ein gewissenhafter Mensch hilft sich damit, daß er alles sorgsam plant und aufschreibt. Eine lange Liste wird das gewöhnlich. Da steht dann alles drauf für einen selbst und die Kinder. Ein anderer stopft einfach ins Gepäck hinein, was ihm in den Sinn kommt.

Ja, was nehmen wir mit? Anzüge, zwei Hosen, Hemden, Unterwäsche, Strümpfe. Zum Wandern feste Schuhe. Für heiße Tage Sandalen, leichte Sachen. Für kühle Abende Pullover. Für Regentage Knirps und Regenhaut. Zum Ausgehen guter Anzug, Krawatten. Für den Strand Badehose, Sonnenbrille, Creme. Gegen Langeweile Kassettenrecorder, Bücher, Spiele. Dazu noch Schlafanzüge, Foto, Toilettenartikel, Handtücher. Was man eben so braucht für zwei oder drei Wochen. Für sich, die Kinder, für die Familie. Eine Menge Sachen. Für eine Frau ist das alles noch ungleich komplizierter. Trotzdem am Ende die Frage: Hab' ich nichts vergessen?

Jesus gab seinen Jüngern, die er aussandte, Ratschläge anderer Art, einfachere: Nehmt nichts mit auf den Weg, ein Wanderstab genügt, sagte er. Keine Vorratstasche, keinen Proviant, keinen Koffer, kein Geld, keinen zweiten Rock! Ich weiß natürlich auch, daß die sogenannte Probe-Aussendung der Jünger damals kaum mit einer heutigen Urlaubsreise zu vergleichen ist. Das war etwas anderes: ein Training sozusagen, ein Praktikum.

Aber vielleicht ist es doch gut, diese biblischen Empfehlungen zu bedenken. Nehmt nicht zuviel mit, will das heißen. Belastet euch nicht. Lernt es, mit leichtem Gepäck, nur mit dem Nötigsten zu reisen. Im Grunde brauchst du recht wenig, um zu leben, um Mensch zu sein. Und das willst du doch, gerade jetzt, wenn du Urlaub machst: einmal frei sein, oder?

Ich kann mich an so manchen Urlaubsmorgen erinnern, wo ich überlegte: Du willst jetzt losgehen, ein bißchen dich umschauen vielleicht, wandern. Was nimmst du mit? Anorak, Pullover, Wanderkarte, etwas zum Essen, Pfeife und Tabak, Fotoapparat, Fernglas, Geld. Und dies, und das . . . Ich könnte aber, so kommt es mir in den Sinn, ebensogut das alles einmal daheim lassen. Ganz frei, ganz unabhängig wäre ich. Nichts Unnötiges in der Tasche, nichts auf dem Rücken. Einmal ganz unbelastet, ganz offen in den Tag gehen. Das gilt auch von all dem, was wir im Kopf haben und an Problemen mit uns herumtragen. Urlaub machen, das könnte heißen: einmal alles zurücklassen, Ballast abwerfen, aufatmen.

Manchmal frage ich: Gilt das nicht auch für die Kirche? Sie schleppt vieles aus ihrer langen Geschichte mit, viele Bräuche, viele Erinnerungen, manche liebgewordene Tradition. Und wenn man, zumal in der Urlaubszeit, in alte Kirchen kommt, dann sieht und bewundert man sie, alle die Reichtümer der Kunst, die Reste vergangener Frömmigkeit. Ja gewiß: ein kostbares und durchaus liebenswertes Erbe. Aber unter all dem Überkommenen darf der lebendige Glaube nicht ersticken. Vieles hat sich da angesammelt im Laufe der Zeit: gewaltige Systeme der Theologie, viele Tausende von Büchern, Wissenschaft und Weisheit, Dogmen, Denkbemühungen vieler Jahrhunderte . . .

Aber wenn du es genau nimmst, brauchst du nur ganz wenig, um zu glauben und so selig zu werden: das Credo vielleicht, das Glaubensbekenntnis. Und am Ende, vor der letzten Reise meine ich, wenn es Zeit wird aufzubrechen: was brauchst du dann, was willst du dann mitnehmen? Ich denke, das Vaterunser wird genügen. Oder ein »Herr, erbarme dich«, das dir aus dem Herzen kommt. Nehmt nichts mit auf den Weg, sagt Jesus, ein Wanderstab reicht. Weshalb nennt er als einziges einen Stab? Wie ist das gemeint? Ob das an den Psalm erinnert, wo es heißt: »Muß ich auch gehen in finsterer Schlucht, ich fürchte kein Unheil: Dein Stock und dein Stab geben mir Zuversicht«? Dann soll er selbst bei uns sein, der Herr, unser Halt, unser Helfer. Solo Deo basta! sagte die große heilige Theresia. Gott allein genügt!

Ferien – durchbuchstabiert

Überall sind die Menschen jetzt unterwegs, auf der Straße, den Autobahnen, mit dem Fahrrad, der Bahn, mit Flugzeug und Schiff. Eine seltsame Völkerwanderung, die der gewohnten Umgebung, dem Alltag zu entfliehen sucht. Urlaubszeit. Ferien. Gibt es Ratschläge für diese schöne Zeit? Ich denke schon. Einer hat gemeint, man solle doch einfach einmal das Wort »Ferien« durchbuchstabieren. Eine gute Idee, fangen wir an:

Da ist als erstes der Buchstabe F. Gibt es Wörter, die mit F beginnen? Woran denke ich da? – F, das ist: Fahren, Fliegen. In die Ferne, in fremde Länder. Freiheit, frei sein fällt mir ein. Auch Faulenzen, Feiern, Familienglück. Mancher denkt an Foto, an Filmen, Fußballspielen oder Fischengehen. Manch einer auch an Frauen. Und sollen wir's nicht nennen, das Wort Freude? Und Fröhlichsein?

Dann E, woran denke ich bei E? An Erholung, Entspannung. An Erlebnisse, Eindrücke, neue Entdeckungen, Einfälle, Erfahrungen. Auch neue Energie wäre zu gewinnen. An Edelweiß und Enzian mag man sich erfreuen . . .

Als nächstes der Buchstabe R: Reise natürlich, aber nicht unbedingt Raserei. Statt dessen lieber eine Rast unterwegs, auf dem grünen Rasen. An ein Rasenstück denke ich, wie es Dürer gemalt hat, oder an rote Rosen. An Ruhe. Ratsam dann auch Rudern, Radfahren, Reiten oder Rugby. Warum nicht mal Rommé? Auch ein Regentag im Urlaub kann reizvoll sein (wenn man nicht gerade Rheuma hat!).

Danach der Buchstabe I: Dazu fallen mir sogleich neue Stichwörter ein: Interessen zum Beispiel. Initiativen. Oder Ideen haben. Ideale, warum nicht? Auch In-sich-Gehen wäre ein gutes Wort. Ebenso natürlich In-die-Luft-Gucken. Man kann von einer Insel träumen, Indianer spielen. Immer-nur-Lächeln. Im-Bett-Bleiben, immerhin . . .

Und nochmals ein E. Wir kennen es ja schon von Erholung und Entspannung, von Erlebnissen und Eindrücken her. Essen gehört auch sicher dazu. Ein Eis zwischendurch. Weiter sodann mit Erneuerung und Ehe (beides kann nah beieinander sein). Oder Egoismus und Eifersucht? Nein, lieber nicht. Eher Einverständnis. Einkehr. Ehrfurcht. Etwas wie Ehre sei Gott. Erhebendes . . .

Als letztes schließlich der Buchstabe N: Das mag für Natur stehen. Naheliegendes, Niedliches, Niegesehenes. Nennenswert wären auch Nachdenken, Nächster und Nachbar. Dazu Nachlaufspielen oder Nüsseknacken bis zu Nachtleben und Närrischsein, nur nicht nervös! Und am Ende dann: Nach Hause kommen . . .

So können wir's durchbuchstabieren, das Wort »Ferien«. Und die Ferien selbst, Stück für Stück, Tag um Tag. Im Guten, aber sicher auch anders; Möglichkeiten bieten sich genug. Das ist wie das Leben: ein Angebot. Man kann es dankbar annehmen und nutzen. Aber auch das Gegenteil ist denkbar: daß man es vertut. Alles kann man vertun, selbst das schöne Wort »Leben« kann einer am Ende so buchstabieren, daß es sich aus Langeweile, Enttäuschung, Betrug, Ekel und Nichts zusammensetzt.

Aber ich bin sicher: So hat es der nicht gemeint, der uns ins Leben rief, der uns dieses Leben geschenkt hat. Und auch der nicht, der in des Vaters Namen auf die Erde gekommen ist, damit – so sein Wort – die Menschen im Glauben das Leben haben und es in Fülle haben. Etwas vom Glück des siebten Tages könnte über dieser Ferienzeit liegen, da Gott ruhte und auf alles sah, was er geschaffen hatte, und es gut, ja sehr gut gelungen fand. Vielleicht sogar eine Vorahnung vom Glanz der kommenden Herrlichkeit, da alles vollendet sein wird. Ich wünsche es Ihnen und mir!

Zeitvertreib am Regentag

Wer mit Kindern unterwegs ist, für den kann sogar die Urlaubszeit eine ganz schöne Strapaze werden. Der muß an Regentagen allerhand Spiele und Ideen auf Lager haben, damit es der kleinen Gesellschaft nicht langweilig wird. Eines dieser Spiele geht so: Eine Familie sitzt an einem verregneten Urlaubstag beieinander. Der Vater hat die Zeitung zu Ende gelesen und wendet sich – harmlos tuend – an seinen kleinen Sohn: Du, ich wette mit dir, daß du die Zeitung hier nicht zwanzigmal falten kannst! Das wär' ja gelacht, sagt der Junge und nimmt die Zeitung in die Hand. – Nein, nicht so, du mußt immer in der Mitte knicken, also eine Hälfte auf die andere legen. Der Junge faltet einmal, zweimal, es geht ganz gut. Aber das Blatt wird erschreckend kleiner. Achtmal, neunmal, da muß er's aufgeben. Kurz darauf kommt er mit einem Bogen Packpapier an, viermal so groß.

Ob es ihm diesmal gelingt, was meinen Sie? Es sieht doch ganz leicht aus. Nein, es geht auch diesmal nicht. Dreimal gefaltet, hat der Bogen Papier schon die achtfache Stärke. Zehnmal gefaltet ist er über tausendmal so dick. Für die zwanzigste Faltung müßte der Junge auf das Dach eines vierstöckigen Hauses klettern, denn das Ergebnis ist fast eine Million mal stärker als der ursprüngliche Bogen Packpapier. So weit habe ich nachgerechnet, weil ich es nicht glauben wollte. Aber es stimmt. Wenn er unverdrossen weiterfaltet – nehmen wir an, dies sei möglich –, hat er bei der fünfundzwanzigsten Faltung schon einen Berg vor sich, achthundert Meter hoch. Beim neununddreißigsten Mal nimmt die Prozedur gigantische Ausmaße an, nämlich den Erddurchmesser. Bei der vierundvierzigsten Faltung wären wir auf dem Mond angekommen. Sie können es ja ausprobieren, wie weit Sie kommen.

Hinter diesem vergnüglichen Zeitvertreib liegt freilich

auch eine wichtige Einsicht. Nämlich daß wir im Grunde doch ganz schnell an die Grenzen unserer Möglichkeiten gekommen sind. Viele Aufgaben sehen zuerst ganz einfach und leicht aus. Nachher aber erweisen sie sich als überaus schwierig, ja undurchführbar. Ich will gar nicht anspielen darauf, daß wir trotz aller Fortschritte noch immer nicht das Wetter machen, die Menschheit ausreichend versorgen oder unser Leben endlos verlängern können. Nein, schon was uns angeht: keiner von uns kann aus seiner Haut, keiner kann sich selber, seine Veranlagung, sein Wesen mit allen Vorzügen und Schwächen grundlegend ändern. Auch andere Menschen müssen wir nehmen, wie sie sind. Ja, selbst das, was wir durchaus ändern könnten: wer von uns hat nicht schon einmal versucht, sich zu bessern, sich etwa nur das Rauchen abzugewöhnen oder die überflüssigen Pfunde loszuwerden! Gar nicht so einfach. Ehrlich, haben Sie's geschafft?

Der Umfang dessen, was wir wirklich zustande bringen und ändern können, ist nicht allzugroß. Gerade deshalb sollten wir einen Blick für das bekommen, was uns möglich, was erreichbar und was ernsthaft von uns gefordert ist. Wer zu ein paar Menschen wirklich gut ist, wer seine täglichen Pflichten mit all dem Kleinkram bewältigt, wer konsequent nach seinem Gewissen und den Geboten Gottes zu leben versucht, der hat doch immerhin für ein kleines Stück dieser Welt gesorgt, die Gott uns Menschen anvertraut hat.

Eine Zeitung, einen Bogen Packpapier zwanzig- oder gar fünfzigmal falten, das schaffen wir nicht. Wozu auch, das ist ja gar nicht von uns verlangt. Aber das tun, was uns aufgetragen ist, unsere Hände bewegen für das, was nötig ist, diese Hände (ich kann mir das Wortspiel nicht verkneifen) auch einmal betend zu falten – das wäre wohl nicht zuviel verlangt. Manches ist uns möglich; mit Gottes Hilfe vielleicht sogar mehr, als wir meinen.

Der Wettermacher

Na, wie wird das Wetter heute; haben Sie schon hinausgesehen? Gerade in dieser Zeit wünschte man sich ein bißchen blauen Himmel und Sonnenschein. Aber es gibt halt auch trübe graue Tage und Regen: Ein atlantischer Tiefausläufer. Störungen, die unser Gebiet erreichen. Ein nur langsam ostwärts wanderndes Tief. Wir kennen das ja. Und wie man hört, steckt Petrus dahinter.

In meinem Urlaub saß am Nebentisch ein Ehepaar mit Tochter. Die drei hatten eine Fahrt an den Gardasee vor, und da sie wußten, daß ich ein Pfarrer bin, lächelte der Mann beim Abendessen freundlich zu mir herüber: »Sagen Sie, können Sie bei Petrus nicht ein gutes Wort einlegen, daß er uns morgen ein bißchen Sonne schickt? Sie haben doch sicher besonders gute Beziehungen zum Himmel?« – Schön wär's! denke ich.

Petrus als Wettermacher. Wie kommen die Leute eigentlich darauf? Die Sache ist ganz einfach; man kann sie in der Bibel nachlesen. Da sagt Jesus dem Petrus, seinem treuen Schüler: »Dir will ich die Schlüssel des Himmelreiches geben! Was du aufschließt, das wird offen sein. Und was du zusperrst auf Erden, das wird auch im Himmel verschlossen bleiben!« So also ist Petrus zu seinem Schlüssel gekommen. Und von da ist es nicht mehr weit bis zu der Vorstellung, Petrus sitze nun mit seinem Schlüsselbund am Himmelstor. Als Hausmeister sozusagen, der von da oben aus auch das Wetter macht und – je nachdem – ein paar Sonnenstrahlen auf die Reise schickt oder auch, falls es ihm gerade Spaß macht, die Schleusen des Himmels öffnet, es regnen oder womöglich auch donnern läßt. – Ich nehme an, daß Petrus über diese volkstümliche Verkennung seiner wahren Aufgaben nicht böse ist, sondern ein bißchen nachsichtig lächelt.

Die Schlüssel wurden ihm ja nicht zum Wettermachen in die Hand gedrückt. Wenn wir ihn schon als eine Art

von Hausmeister ansehen, dann in dem Sinne, daß ihm
die Verwaltung der Kirche hier in der Welt anvertraut
wurde, wie sein Nachfolger mit Namen Johannes Paul es
heute noch besorgt. Und daß der Papst, so tüchtig er sein
mag, über unser Wetter bestimmt, das wird ja wohl auch
der Frömmste nicht behaupten wollen. Nein, ihm als
dem Verwalter, der für das Haus Gottes hier auf der Erde
oberste Verantwortung trägt, werden die Schlüssel über-
geben.

Man könnte natürlich fragen: Warum gerade er? Die
Erklärung geht unmittelbar voraus: Da bekennt dieser
Petrus seine feste Überzeugung, seinen Glauben: »Du
bist von Gott gesandt«, sagt er zu Jesus, »du bist der Sohn
des lebendiges Gottes!« – Und Jesus schaut ihn an, diesen
wackeren Petrus, und sagt: »Du bist ein Fels, und auf
diesen Felsen werde ich meine Kirche bauen. Und sie
wird standhalten. Die Kräfte der Hölle, die ihre Vernichtung betreiben, werden sie nicht überwältigen!«

Petrus bekannte seinen Glauben, darum erhielt er die
Schlüssel. Vielleicht geht das mit uns ähnlich? Wenn wir
uns zu einer Sache wirklich bekennen, wird uns ebenfalls
Verantwortung übertragen. Beruflich zum Beispiel. Ich
denke auch an eine Mutter, die sich zu ihren Kindern
bekennt, die für sie einsteht: sie hat damit einen
Schlüssel in der Hand zu den Herzen ihrer Kinder. Wer
liebt, kann Herzen aufschließen. Wer Vertrauen gefunden hat, dem gewährt man Zugang. Nein, das Wetter
können wir nicht machen, das kann wohl auch der Petrus
nicht. Aber mithelfen, daß die Sonne scheint, wie man
so sagt, damit ein freundliches Klima herrscht, das
können wir schon, denke ich. Mancher hat wirklich
Schlüssel in der Hand, damit kann er anderen und sich
selber einiges auftun. Das ist nicht immer schon ein
Schlüssel zum Himmel. Aber, wer weiß, manchmal
vielleicht doch . . .

Durst

Durst – wissen wir, was das ist? Haben wir jemals wirklich Durst gehabt, wir Kinder des Wohlstandes? Wir haben doch alles zur Hand, was wir wollen: Saft, Milch oder Mineralwasser, Kaffee und Tee, Sekt, Schnaps, Wein oder Bier. Wir brauchen doch nur den Eisschrank zu öffnen, ein wenig am Wasserhahn zu drehen. Kostbares Trinkwasser verbrauchen wir, auch zum Baden und Duschen, ja zum Gartensprengen und Autowaschen.

Wie ist das, Freunde, wenn man Durst hat? Wissen wir das? Nein, das wissen wir nicht. Wir leiden ja nicht unter Dürre und Hitze, wir leben nicht in der Trockenheit der Sahelzone Afrikas beispielsweise. In seinem Buch »Wind, Sand und Sterne« beschreibt der Flieger und Dichter Antoine de Saint-Exupéry, wie er in der Wüste – gepeinigt von den Qualen des Durstes, ganz nahe dem Tod – schließlich gerettet wird: Er liegt auf dem Bauch vor einer schmutzigen Wasserlache und trinkt und trinkt: »Wasser, dich braucht man nicht zum Leben, du bist selber das Leben. Durch dich kehren alle unsere Kräfte zurück. Du bist das Köstlichste, was diese Erde uns bietet!«

Aber es gibt nicht nur den Durst der Kehle, den Durst der trockenen Lippen, des ausgedörrten Körpers. Wir Menschen hungern und dürsten noch in einem anderen Sinn: nach Glück verlangen wir, nach Liebe, nach Sinn.

Immer wieder haben große Menschen versucht, den Weg dahin zu finden, ihren Durst danach zu stillen. Ein halbes Jahrtausend vor Christus verließ Buddha, der Fürstensohn, den Thron, die Frau und den eben geborenen Sohn. Er entledigte sich seiner kostbaren Kleider, um die Wahrheit zu erkennen. Unter einem Feigenbaum ließ er sich nieder, im Lotussitz: »Möge meine Haut schrumpfen, möge mein Haar verdorren, mögen meine Gebeine sich auflösen. Solange ich nicht die letzte Erkenntnis

gefunden habe, werde ich mich von hier nicht wegrüh-
ren!« In der dritten Nacht ward ihm die Erleuchtung
zuteil: Alles Leben ist Leiden. Alles altert und stirbt und
wird wiedergeboren. Aber nur, um wieder daran zu
sterben. Ist es nicht der Durst, das Verlangen, das immer
neue Leiden schafft? – Vier Wochen verharrte er so, dann
hielt er seinen Jüngern diese Predigt:

»Hört, ihr Mönche, der Weg ist gefunden: Erkennt, daß
alles Dasein Leiden ist. Geburt ist Leid, Alter ist Leid.
Leid ist es, zu lieben. Leid ist es, nicht zu erlangen, was
man begehrt. Der Ursprung des Leides in der Welt ist der
Durst nach Befriedigung der Sinne, der Durst nach Glück,
nach Wiedergeburt!«

Noch angesichts des Todes sprach er so zu seinem
Schüler Ananda: »Die Wahrheit ist, daß das Leid aus dem
Durst, aus der Begierde entsteht. Die Wahrheit ist, daß
es ein Ende des Leides gibt. Du wirst es nur erlangen,
wenn du alle Wünsche und Leidenschaften aus deinem
Herzen verjagst, diesen Durst!« – Sei wunschlos, heißt
das – dann bist du glücklich!

Jesus aber sagt: »Laßt mich trinken!« Er sitzt am
Brunnen und bittet eine Samariterfrau um einen Trunk
Wasser. Er spricht zu der Frau vom Leben: »Fünf Männer
hast du gehabt«, sagt er ihr, »und jetzt lebst du mit einem
zusammen, der nicht dein Mann ist. Hast du gefunden,
was du suchst? Bist du glücklich?« – Ja, so dürsten wir
Menschen nach Leben und Liebe, nach Glück, nach
Vergessen. – »Wer aus diesem Brunnen hier trinkt«,
spricht Jesus weiter, »der wird immer wieder durstig sein.
Wer aber von dem Quellwasser trinkt, das ich ihm geben
werde, den wird nicht mehr dürsten. Vielmehr wird das
Wasser, das ich ihm zu trinken gebe, in ihm zu einer
Quelle werden, daraus strömt Wasser für das ewige
Leben!« – »Herr«, sagt die Frau, »du weißt alles. Gib mir
von diesem Wasser, gib mir zu trinken!«

Buddha sprach: Du darfst nichts mehr wünschen, du

darfst nichts begehren, dann kannst du auch nicht
enttäuscht werden. Erst wenn du ganz ohne Wunsch bist,
wirst du glücklich sein!

Anders Jesus, er sagt: Du mußt noch mehr wünschen.
Größeres sollst du wünschen! Nach dem eigentlichen, dem vollen wahren Leben mußt du dürsten! »Selig, die hungern und dürsten nach der Gerechtigkeit – das Verlangen ihres Herzens wird gestillt werden!«

Die Japanerin

Für die meisten von uns ist der Urlaub wohl nur noch
Erinnerung. Jetzt spätestens werden die Fotos abgeholt,
die man im Schwarzwald, an der Adria oder auf Mallorca
gemacht hat. Jetzt liegen die kleinen bunten Beutel mit
den Farbfilmen im Briefkasten, die man zum Entwickeln
eingeschickt hat. Und siehe da: Jetzt sitzt Vati einmal
nicht wie sonst abends vor dem Fernsehapparat. Nein, er
sortiert Dias oder schneidet und klebt am Urlaubsfilm.
Bald kommen die Abende, an denen man eingeladen wird
zur Vorführung der Urlaubserinnerungen. Es gibt Leute,
die schon der Gedanke daran anödet und die sich vor
solchen Heimkino- und Dia-Abenden mit den faden-
scheinigsten Ausreden zu drücken versuchen. Und das
ist mir auch schon so gegangen. Ich muß aber sagen: Ich
fand es dann eigentlich doch immer wieder interessant.
Natürlich muß man sich gefaßt machen auf das Übliche:
Strandleben, Bergansichten. Dazu die massenhaft nach-
geknipsten Sehenswürdigkeiten, von Neuschwanstein
bis zum Dogenpalast in Venedig. Ganze Busladungen
machen ja davor halt, und jedesmal hüpfen fünfzig
Hessen oder Japaner heraus und knipsen alle die berühmte Ansicht. Und erst die Familienbilder: Tante
Emma allein vor dem Schiefen Turm von Pisa, dann

zusammen mit Onkel Erwin. Und Susi im Bikini mit Hund Flocki am Strand, und dann zwar ohne Hund, aber mit Urlaubsbekanntschaft. Das muß man in Kauf nehmen. Vielleicht ist das Meer doch ansehenswert, oder auch Susi. Aber mitunter gibt es dann auch originelle Urlaubsbilder: ungewohnte Durchblicke, Szenen am Rand, gelungene Schnappschüsse. Das ist ja zuerst eine Sache des Sehens und zeigt, wie man das fremde Land erlebt hat.

Neulich konnte ich hier bei uns in Frankfurt eine kleine Touristin aus dem Fernen Osten beobachen. Sie stand in Sachsenhausen in einer kleinen Seitenstraße und fotografierte mit Eifer und hingegeben – ja was? – ein altes, etwas windschiefes Giebelhaus. Die Leute, die vorbeigingen, sahen verwundert hin: Was mochte daran so interessant sein? Aber sie guckten eben doch einmal hin zu dem alten Haus und dann zu der kleinen Japanerin. Und ich dachte: Man soll's nicht glauben, aber was einem so vertraut ist, das beachtet man gar nicht mehr. Es fällt uns nicht auf. Unsere Augen nehmen es nicht mehr wahr. Weil wir es täglich sehen, ist es alltäglich geworden. Was wir suchen, ist das Außergewöhnliche, das Fremde, das noch nie Gesehene. Aber selbst dort, im fremden Land: Was fangen wir da an mit unseren Augen? Ich habe mich manchmal schon gefragt, ob das Fernsehen jeden Tag und das rasche Blättern in immer neuen Illustrierten unser Sehen, unsere Sehfähigkeit noch fördert und schult oder eher abstumpft. Was meinen Sie? Die meisten Menschen stehen doch eigentlich ziemlich hilflos vor »Sehenswürdigkeiten« oder gar vor einem Kunstwerk, bei dem es auf genaues, aufmerksames Sehen ankommt, auf verweilendes Schauen. Wie dankbar sind wir Menschen von heute für ein paar Erklärungen, die uns die Anstrengung des eigenen Sehens abnehmen und auf das hinweisen, was jeder von uns mit seinen eigenen Augen im Grunde selber wahrnehmen könnte.

Von den Autofahrern fordert man heute Seh-Tests, Augenuntersuchungen. Man stellt ja immer wieder fest, wie viele sich trotz mangelnden Sehvermögens dennoch ans Steuer setzen. Und dabei geht es zunächst nur um die Sehschärfe, das Erkennen von Verkehrsteilnehmern und Straßenschildern. Aber zu prüfen wäre da eigentlich mehr: Ob da einer noch mit gesunden Augen, mit den Augen eines wachen, beteiligten verantwortlichen Menschen sehen kann. Ob er zum Beispiel noch erkennt, wo ein Kind oder ein behinderter alter Mensch Rücksichtnahme und Hilfe braucht. Ob wir einen solchen Sehtest bestehen würden, wir beide, Sie und ich?

In der Bibel kann ich die Worte lesen: »Sie haben Augen, um zu sehen, und sehen nicht. Ohren haben sie zu hören, und sie hören nicht.« Aber ich finde auch den Satz: »Selig die Augen, die sehen, was ihr seht!« Auch heute gibt es viel zu sehen, wenn wir die Augen nur aufmachen. Und wenn wir noch genauer hinsehen, mag manches Wunder dabei sein. Freilich: auch manche Not. Und in allem mag schon stimmen, was ein Dichter sagte: Man sieht nur mit dem Herzen gut!

An einem Montag

Überall, wo Menschen sich heute wieder am Arbeitsplatz einfinden, begrüßen sie sich, so oder ähnlich: »Na, wie war's am Wochenende? Hatten Sie einen schönen Sonntag?« – »Ach ja, wir waren mit den Kindern im Zoo . . .« – »Wir hatten Besuch . . .«

Ich wünsche Ihnen, daß Sie auch gerne an diesen Sonntag zurückdenken, wenn Sie das jetzt lesen. Das Wochenende, wie man heute sagt. Die Christen sehen den Sonntag ja eigentlich als den Anfang der Woche an. Von alters her gilt er als der erste Tag. Als Feiertag einer neuen Schöpfung, die mit der Auferstehung Christi begann. Wir sagen darum auch: Tag des Herrn. Es ist sein Tag. Da gehören wir nicht dem Geschäft, nicht dem Betrieb, nicht dem Chef. Wir haben frei. Wir sind frei, frei geworden durch ihn.

Vielleicht denken Sie, das sei im Grunde doch gleich, Wochenende oder Wochenanfang. Hauptsache, man braucht nicht zu arbeiten! – Ich verstehe schon, was Sie meinen. Aber ich finde: es hat schon Folgen, wenn man den Montag zum ersten Tag der Woche erklärt. Das heißt nämlich: Zuerst seid ihr auf der Welt, um zu schaffen. Erst die Arbeit, dann das Vergnügen. Daraus folgt aber ganz rasch: Du bist zum Arbeiten geboren. Und deshalb bist du so viel wert, wie du leisten kannst. Du bist Mensch, solange du nützlich und produktiv bist. Deine Arbeit, das ist das Erste, das Wichtigste. Darauf kommt es an im Leben. Damit fängt die Woche an.

Wenn dagegen – christlich gesehen – die Woche mit dem Sonntag beginnt, mit dem Tag des Herrn also, dann besagt das: Du bist zunächst einmal niemandem untertan auf dieser Welt, keinem verpflichtet außer deinem Gott. Er, und nicht dein Chef, dein Betrieb, die ganze tägliche Plackerei ist maßgebend für dein Leben. Keiner darf dich darum allein nach dem beurteilen, was du leistest. Du bist auch nicht nur Mensch, solange du nützlich bist. Nein, in erster Linie gilt etwas anderes. Das Hauptgebot, wie man es genannt hat: Du sollst Gott, deinen Herrn, deinen einzigen Herrn, lieben aus deinem ganzen Herzen, mit deinem Verstand, deinem Willen, deinem Gefühl und mit allen Kräften. Und deinen Nächsten wie dich selbst!

Das heißt: Zuallererst bist du geboren und auf der Welt, um zu lieben. Das ist deine Freiheit, das macht deine Würde aus. – So etwas haben die Sklavenhalter zu keiner Zeit gern gehört: daß jeder, wirklich jeder Mensch zuerst einmal ein Wesen ist, das unendlich geliebt wird und das vor allem andern Tun zunächst einmal für diese ewige

Liebe geschaffen ist. Erst dann, zweitens also, mag der Mensch sich seiner täglichen Arbeit zuwenden.

Mag der Sonntag auf unseren Kalendern also ruhig am Ende der Woche stehen, er bezeichnet einen Anfang. Er hat Vorrang. Danach erst, zweitens also, kommt der Montag. Meinetwegen jetzt der Tag der irdischen Unternehmer und Arbeitnehmer, der Arbeitstag.

Doch auch da, an jedem weiteren Werk-Tag, hängt viel davon ab, wie wir ihn beginnen. Auch da gilt sozusagen: Anfang gut, alles gut! Wie aber macht man das: richtig anfangen? Ich würde sagen: mit dem Blick nach oben! Lassen Sie mich dazu ein paar Sätze aus uralter Spruchweisheit zitieren. Kalendersprüche in den Tag sozusagen, aus dem Buch der Sprüche Salomos. Die stehen im Alten Testament, zweieinhalb Jahrtausende sind sie alt:

»Mein Sohn, vergiß diese Worte nicht«, heißt es da. »Denn wenn dein Herz diese Weisheit bewahrt, bringt sie dir ein langes Leben und glückliche Jahre. Nie sollen dich Liebe und Treue verlassen. Binde sie ein in dein Herz. Dann findest du Wohlgefallen vor den Augen Gottes und der Menschen. Vertraue mit deinem ganzen Herzen auf deinen Gott. Setze nicht auf eigene Klugheit. Suche ihn auf all deinen Wegen zu erkennen und siehe: Er macht deinen Schritt gerade. Denn dein Gott liebt dich, so wie ein Vater seinen Sohn, dem er wohlwill!«

Der Pfad des Gerechten

Bei uns in Hessen heißt es von einem, der etwas geschwollen daherredet: »Der mächt Sprich, der Sprichmacher!« Und darum die Mahnung, die den andern rasch wieder auf die Erde zurückholen will: »Mach bloß kaa Sprich!« – Trotzdem finde ich auf meinem Abreißkalender jeden Morgen einen Tagesspruch, und es kommt gar nicht selten vor, daß mich einer davon nachdenklich macht und mich in den Tag begleitet. Und dann gibt es ja noch die Sprichwörter. Darin steckt ebenfalls manch alte Erfahrung und Volksweisheit und nicht selten auch Humor.

Um die Ehrenrettung der Sprüche noch weiterzuführen: Vor mir liegt das »Buch der Sprichwörter«, enthalten in jenem Buch, das wir mit gutem Grund »Die Heilige Schrift« nennen. Solche Sammlungen von Spruchweisheiten waren im Alten Orient sehr verbreitet und überaus beliebt. Wir kennen sie von den Babyloniern, von den Ägyptern. Und es wird erzählt, daß solche Sprüche weitergegeben wurden von einer Generation auf die andere. Bis zum Jahre 2300 vor Christus reicht die Sammlung des Ptahhoteb zurück. Von der Blütezeit der Weisheit Israels wird gesagt, daß Freunde der Erkenntnis von allen Ländern der Erde nach Jerusalem kamen, um die Lehren des Königs Salomo kennenzulernen. Über dreitausend Weisheits-Sprüche soll er verfaßt haben, der große Salomo. Kann wohl sein, daß uns – über die Zeiten hin – so mancher dieser Weisheitssprüche auch heute in den Tag helfen und auf den rechten Weg leiten kann.

»Also wird man Weisheit und Zucht finden und die Worte der Einsicht verstehen«, so lese ich in der Einleitung. »Diese Worte machen den Unerfahrenen klug, sie geben der Jugend Erkenntnis und Umsicht. Der Weise, der sie hört, vermehrt sein Wissen. Der Einsichtige erwirbt sich die Kunst der Lenkung. Aufgeschrieben sind sie, damit man Sinnspruch und Gleichnis verstehe, die Worte der Weisen und ihre Rätsel.«

Ich blättere weiter. Hier: »Mein Sohn, nimm an die Worte, die ich rede, halte fest an meinen Weisungen. Wenn du dein Ohr der wahren Weisheit zuneigst, wenn du dein Herz der Einsicht zuwendest, wenn du nach ihr suchst wie nach Silber, dann wirst du verstehen: Ehrfurcht vor Jahwe, deinem Gott, das ist der Anfang aller Erkenntnis. Die Toren erkennst du daran, daß sie

Einsicht und Zucht verachten. Ja, von dem Herrn kommt die Weisheit. Er läßt sie einziehen in dein Herz. Er gibt dir Erkenntnisse, die dein Herz froh machen. Er bewahrt dich vor falschen Wegen, vor Menschen, denen es Spaß macht, Schlechtes zu tun!«

So lese ich Seite um Seite in diesem Buch der Sprichwörter, und bei manchem Spruch halte ich ein: »Ein Weiser ist mächtiger als ein Starker, ein Verständiger mehr wert als ein Kräftiger.« – »Besser Weisheit zu erwerben als Gold, die Einsicht ist mehr wert als Silber.« – »Besser ein Brocken trockenes Brot und es in Ruhe essen, als ein Haus voll Festtagsbraten und Streit dabei.« – »Besser ein naher Nachbar als ein ferner Bruder.« – »Ein fröhliches Herz macht dich gesund, doch ein bedrücktes Gemüt zehrt deinen Körper aus!«

Mancher Spruch ist gerade für den Tagesanfang gemacht: »Rühme dich nicht des morgigen Tages, du weißt ja nicht im voraus, was der Tag hervorbringt.« – Oder hier: »Der Pfad des Gerechten strahlt wie der Morgenschein, heller und heller wird er bis zum vollen Tag.« – Ja, das möchte ich Ihnen heute wünschen!

Geh zur Ameise

Vor gut hundertfünfzig Jahren hat einer in Schleswig ein paar Verse niedergeschrieben für ein Lied. Wir haben es dieser Tage an einem Werktagmorgen in unserer Kirche gesungen. Alle waren wir erstaunt, wie aktuell das klingt:

»Mein Gott, nun ist es wieder Morgen, die Nacht vollendet ihren Lauf. / Nun wachen alle meine Sorgen mit mir, o Vater, wieder auf. / Die Ruh' ist aus, der Schlaf ist hin, und ich seh' wieder, wo ich bin. / Ich bin noch immer auf der Erde, wo jeder Tag sein Elend hat, / hier, wo ich immer älter werde, zum Tode reifer, der sich naht . . .«

Soweit dieses Morgenlied. Im Unterschied zu den meisten seiner Art, die man kennt, besingt es einmal nicht den unbekümmerten frohen Tagesanfang. Denn wer kann das schon: stets unbeschwert aufstehen, sorglos an seine Arbeit gehen, einen fröhlichen Anfang machen? Die meisten von uns haben wohl eher ein unbestimmtes Gefühl, manche sogar Angst vor dem, was dieser Tag wieder bringt. Trotzdem, geh'n wir's an!

Ein altes Sprichwort fällt mir ein: »Morgen, morgen, nur nicht heute, sagen alle faulen Leute!« So ein Spruch kommt wohl aus einer alten Erfahrung mit den Menschen. Aber auch mit der eigenen Trägheit. Wir kennen das ja allzugut, nicht wahr, daß man die unangenehmen Dinge aufschiebt. Auf morgen, wo ja bekanntlich auch noch ein Tag ist, und schließlich auf die lange Bank. Das muß, wie gesagt, eine uralte Sache sein. Auch in dem »Buch der Sprüche« im Alten Testament, aus dem ich Ihnen ein paar Kostproben servieren möchte, fehlt dieses leidige Kapitel menschlicher Unzulänglichkeit nicht. Überschreiben wir die guten Ratschläge unserer fernen Vorfahren mit dem Titel »Der Faule und der Fleißige«.

Dazu lese ich nun dies: »Wie lange willst du noch liegenbleiben, du Fauler, wann wirst du endlich dich erheben vom Schlaf? Ach, sagst du, nur ein bißchen noch schlafen, nur ein bißchen noch schlummern, noch ein bißchen die Arme verschränken und ruhen!« – Ich finde, das ist – über die Jahrtausende hin – doch recht zutreffend beobachtet. Oder hier: »Wie die Tür sich dreht in ihren Angeln, so dreht sich der Faule auf seinem Lager.« – Aber nun haben wir ihn wohl endlich aus dem Bett, unseren Faulen, und am Frühstückstisch. Aber was er ist, das bleibt er, nämlich faul. Und darum liest man einen Vers weiter die Fortsetzung: »Kaum hat der Faule seine Hand ausgestreckt nach der Schüssel, so ist er auch schon zu müde, um seine Hand zum Munde zu führen!« –

Nimm dir ein Beispiel, möchten wir sagen, sieh dir einmal – na, wen schon . . .

Also das ist ganz einfach im Buch der Sprüche: »Du Fauler, geh zur Ameise hin, sieh dir einmal an, was sie tut, damit du weise wirst (und fleißig, möchte man hinzufügen): sie hat keinen Aufseher, keine Antreiber oder Vorgesetzte, und doch sorgt sie im Sommer für Nahrung vor. Sie sammelt sich Futter zur Erntezeit. Wie lange also willst du noch liegenbleiben, du Fauler?!«

Und gleich noch ein paar gute Ratschläge hinzu: »Liebe den Schlaf nicht, sonst wirst du arm. Mach deine Augen auf, dann hast du Brot genug! Die Faulen werden arm an Habe. Reichtum erlangen die Fleißigen. Wer seinen Acker bestellt, wird Brot haben, um sich zu sättigen. Wer sinnlosen Dingen nachjagt, wo bleibt sein Verstand? Eine fleißige Hand macht einen Herrn aus dir. Eine nachlässige Hand jedoch muß bald Zwangsarbeit leisten!«

Sie sehen, die Sache kann schlimm ausgehen für die allzu Faulen. Doch ich hoffe, Sie haben es inzwischen geschafft und gehen nun vielleicht mit einem kleinen Schmunzeln an die Arbeit.

Heute ist heute

Wieder ein Tag mit all seinen Pflichten. Mit so manchem gewiß, was uns unangenehm ist, was wir lieber aufschieben möchten. Aber da gibt es den Spruch: »Was du heute kannst besorgen, das verschiebe nicht auf morgen.« Das ist eine uralte Regel, besser: ein guter Rat. Heute ist heute. Manches muß heute erledigt werden. Auch manche Chance bietet sich nur heute. Sie geben mir gewiß recht – manches haben wir schon verpaßt im Leben, weil wir dachten: nun ja, morgen ist auch noch ein Tag! Aber da war es dann zu spät. Die einmalige Gelegenheit war verpaßt, die günstige Stunde kam nicht wieder. So manches Mal habe ich das schon bei mir gedacht: Ach, hätte ich doch, gestern oder damals! Besonders deutlich empfinden wir so etwas wohl am Grab eines lieben Menschen: daß wir da manches versäumt haben. Was gäbe ich drum, so kommt es uns in den Sinn, wenn ich jetzt noch einmal etwas sagen oder tun oder richtigstellen könnte, wiedergutmachen womöglich, kann schon sein.

Und darum ist dieser Tag heute so wichtig. Meister Eckhart, der große Mystiker des Mittelalters, hat uns dazu eine kleine Geschichte erzählt: Da wurde ein weiser Mann gefragt, welches die wichtigste Stunde in unserem Leben sei, welcher der bedeutendste Mensch und welches das notwendigste Werk, das man tun müsse. Die Antwort des weisen Mannes lautete so: Die wichtigste Stunde, das ist immer die jetzige. Der bedeutendste Mensch, das ist jeweils der, der dir gerade gegenübersteht. Und das notwendigste Werk, das zu tun ist, das ist immer die Liebe. – Ein weiser Rat für den heutigen Tag. Und damit bin ich wieder dabei, das »Buch der Sprüche« zu befragen, in dem ich gerne blättere. Hier zum Beispiel:

»Sieben Dinge sind Gott, dem Herrn, verhaßt: Hochmütige Augen. Eine falsche Zunge. Hände, die dem Unschuldigen Gewalt antun. Ein Herz, das hinterlistige Pläne schmiedet. Füße, die behende zum Bösen eilen. Der falsche Zeuge, der Lügen verbreitet. Und einer, der Streit anzettelt unter Brüdern.« – Sieben schlimme Dinge! Nein, da möchten wir wohl doch lieber einen guten Rat hören, wie man es richtig machen kann. Hier zum Beispiel, das könnte passen: »Versage nicht Gutes dem, der es nötig hat – solange es in deiner Macht steht, es zu tun. Zu deinem Nächsten sage nicht: Geh, und komme nochmals wieder, morgen vielleicht, morgen gebe ich – wenn du es sogleich tun kannst. Denke dir niemals Böses aus gegen den, der arglos neben dir sitzt. Streite nicht grundlos und nicht mit einem, der dir nichts Arges angetan hat. Beneide die Gewalttäter nicht und geh keine ihrer Wege. Denke daran: Besser bloß Gemüse auf dem Teller und Liebe dabei – als ein gemästeter Ochse, im Haß verzehrt!« Es heißt sogar: »Wenn deinen Feind hungert, gib ihm Brot zu essen. Und hat er Durst, dann gib ihm zu trinken! Wer Gutes tut, der erfährt auch Gutes! Wer dem Armen gibt, der leidet nicht Mangel. Doch wer sein Auge abwendet von der Not, der ist verflucht!« Mehr noch: »Mach deinen Mund auf für den Stummen, und schaffe Recht den Bedrückten und Armen!«

Wenn man bedenkt, daß diese Lebensregeln und Ratschläge aus dem Alten Testament stammen, also vor über zweitausend Jahren zusammengestellt worden sind . . . ich meine, sie sind durchaus noch aktuell. Nehmen wir einmal an, wir alle, dir wir dies jetzt lesen, wollten uns heute, an diesem Tag, auch nur ein wenig danach richten. Es käme wohl manches Erfreuliche dabei heraus, finden Sie nicht?

Der Frauenkenner

Auch heute ein paar Gedanken aus dem Schatz uralter Weisheit, aus dem sogenannten »Buch der Sprüche« im Alten Testament. Die sollen Sie in den Tag gelei-ten. Nahrhaft wie eine vitaminreiche Kost. Zuberei-tet von keinem Geringeren als dem weisen König Sa-lomo.

Dem war, wie es im 1. Königsbuch zu lesen steht, »sehr hohe Weisheit und Einsicht verliehen und eine Weite des Herzens gleich dem Sand am Ufer des Meeres. Er redete dreitausend Sprüche, und die Zahl seiner Lieder betrug tausendundfünf. Von überall kam man herbei, um die Weisheit Salomos zu hören.« Sogar die Königin von Saba, eine überaus reiche und schöne Dame, machte sich auf den Weg, um ihm Fragen zu stellen. Sie staunte, heißt es, und er schenkte ihr alles, was ihr gefiel und was sie sich wünschte.

Der große Salomo muß wohl etwas von den Frauen verstanden haben, denn zu seinem Reichtum zählte auch, daß er – man staune – siebenhundert fürstliche Frauen und dreihundert Nebenfrauen zu lieben (aber wohl auch, denke ich, zu ernähren und standesgemäß zu kleiden) hatte. Solches und anderes erregte durchaus Anstoß: »Salomo tat, was böse war«, erfahren wir. Und – schlimmer noch – Gott ergrimmte über Salomo, der sich, von seinen Damen verlockt, fremden Göttern zugewandt hatte. Aber auch so ein König mag einmal mit den Jahren zur Einsicht kommen, und so können wir vielleicht doch manches lernen aus seinen diesbezüglichen Erfahrungen und den Sinnsprüchen kluger Männer seiner Zeit. Beginnen wir sozusagen mit dem Positiven, mit dem Segen, den eine gute Frau ihrem Mann bringen kann:

»Segen komme über die Quelle deines Glücks. Freu dich an der Frau, die du in deiner Jugend gewählt hast, denn sie ist lieblich wie eine Hinde und anmutig wie ein Reh. Ihre Brüste mögen dich allzeit erquicken. Ihre Liebe mache dich immerfort trunken! Was willst du dich an einer anderen berauschen, mein Sohn, und den Leib einer Fremden umfangen?«

Und hier fügt der Weise, wohl aus bitteren Erfahrungen, die Warnung an: »Achte nicht auf ein schlechtes Weib, denn die Lippen der Fremden triefen von Honig, und glatter als Öl ist ihr Gaumen. Doch am Ende ist sie so bitter wie Wermut und scharf wie ein Schwert. Halte fern von ihr deinen Weg, komm der Tür ihres Hauses nicht zu nah! Denn so ist das mit einer Frau, die Ehebruch treibt: Sie ißt und wischt sich den Mund ab und sagt: Was ist denn schon dabei? Ich habe nichts Schlechtes getan! – Begehre nicht ihre Schönheit, von ihren Blicken laß dich nicht fangen. Kann man Feuer bergen in den Falten seines Gewandes, ohne daß die Kleider in Brand geraten? So ist es, wenn einer zu der Frau seines Nachbarn geht. Keiner bleibt straflos, wer sie berührt. Die Ehe bricht nur, wer sein eigenes Leben zerstören will. Schande über ihn, seine Schmach wird nie gelöscht!«

Sie sehen: Segen und Schande, das liegt dicht beieinander in diesen Versen: »Eine gute Frau, das ist wie eine Krone für ihren Gatten. Doch eine schändliche Frau, das ist ihm wie Fraß in den Knochen. Eine verständige Frau ist ein Geschenk Gottes. Aber eine Frau, die dauernd zankt, das ist wie ein undichtes Dach, das treibt einen fort. Besser einsam in der Wüste zu wohnen als mit einer Frau zusammen, die immer nur nörgelt und streitet!« Das ist freilich aus der Sicht eines Mannes gesagt, verehrte Leser. Aus der Sicht einer Frau wäre es wohl um etliche Strophen zu ergänzen, oder?!

Immerhin, das »Buch der Sprüche« endet mit einem Lob auf die gute Frau. In immer neu ansetzenden Lobsprüchen und Komplimenten wird sie verherrlicht: »Ihre Söhne kommen und preisen sie selig. Ihr Mann hebt sie hoch über alles und rühmt sie.« – Was soll ich noch sagen: Huldigen wir also den guten Frauen an so einem Tag wie heute!

Auch Eltern haben Fehler

Am Wochenende gibt es das Wort: »Samstag gehört Vati uns!« – Wenn die Kinder noch klein sind, mag sie das fröhlich stimmen. Aber die Kinder werden größer. Und da gibt's dann schon Probleme. Mit den Kindern. Und mit dem Vati.

Von Mark Twain stammt eine nette Geschichte. Eines Tages kommt ein Siebzehnjähriger zu ihm und erklärt: »Ich verstehe mich mit meinem Vater überhaupt nicht mehr. Jeden Tag gibt es Streit. Er ist völlig rückständig, er hat einfach kein Verständnis für moderne Ideen. Was soll ich machen? Die einzige Lösung ist: ich gehe weg von daheim!« – Mark Twain antwortete auf diese Klage: »Ich kann Sie gut verstehen, junger Freund. Als ich siebzehn war, da war mein Vater genauso ungebildet; es war nicht zum Aushalten. Aber man muß Geduld haben mit so alten Leuten. Sie entwickeln sich langsam. Nach zehn Jahren, als ich siebenundzwanzig war, da hatte er so viel dazugelernt, daß man sich schon ganz vernünftig mit ihm unterhalten konnte. Und was soll ich Ihnen sagen: Lassen Sie nochmals zehn Jahre vergehen. Heute, wo ich siebenunddreißig bin, wenn ich keinen Rat weiß, also – ob Sie es glauben oder nicht – dann frage ich meinen Vater. Ja, so können die sich ändern, die Väter!«

Eine nette Geschichte, aber ich möchte vermuten, daß sie nicht jedem einleuchtet, der – sagen wir – vierzehn oder siebzehn oder zwanzig Jahre zählt. Und die Älteren? Vielleicht ist es ja nur eine Mode, die sich derzeit gut verkauft.

Aber ich habe in den letzten Jahren eine Reihe von literarisch hoch gerühmten Büchern gelesen, in denen sich moderne Autoren und Autorinnen mit ihren Eltern beschäftigen: »Das ist eine unbarmherzige Abrechnung mit den Vätern und der Welt, die sie uns hinterlassen haben«, so kündigt ein Verlag ein solches Buch an. Werbewirksam, würde ich denken.

Natürlich haben Väter und Mütter ihre Schwächen. Eltern sind nicht unfehlbar. Und doch – für mich gilt noch immer das Wort: »Du sollst Vater und Mutter ehren«, und dies nicht nur, weil ich gute Eltern hatte. Nein, es kann gewiß nicht in Ordnung sein, wenn man sie schmäht und verabscheut, wenn ein Volk seine Väter und Mütter verachtet.

Lassen Sie mich einmal das »Buch der Sprüche« im Alten Testament, in dem uns uralte Weisheit überliefert ist, dazu befragen: »Wer Vater und Mutter schmäht,

112

dessen Licht geht aus, wenn es dunkel wird. Und wer Vater oder Mutter beraubt und sagt: Was ist schon dabei, das ist doch keine Sünde! – der ist ein Genosse der Verdorbenen.« – »Das Auge, das über den Vater spottet und im Alter die Mutter verachtet, das sollen am Bach die Raben aushacken!« – Hart und entschieden sind diese Worte. Warnungen sind es, die die Folgen des Frevels aufzeigen. Aber es gilt auch:

»Ein verständiger Sohn macht dem Vater Freude, ein törichter ist seiner Mutter Kummer.« Darum ergeht der Rat der Weisen an die Söhne und Töchter, auch wenn sie schon erwachsen sind: »Höre auf deinen Vater, er hat dich gezeugt, und mißachte nicht, weil sie alt geworden, deine Mutter. Dein Vater soll sich freuen an dir, und frohlocken soll, die dich gebar.« Darum »höre auf die Worte deines Vaters und die Mahnungen deiner Mutter. Binde sie für immer auf dein Herz, winde sie dir um den Hals. Sie sollen mit dir gehen und über dir wachen, wenn du ruhst. In der Frühe schon, beim Erwachen, sollen sie zu dir sprechen. Denn solche Worte sind wie ein Licht, und was sie dir sagen, das ist ein Weg, der ins Leben führt.«

Arabisches Rätsel

Hier gleich eine kleine Geschichte. Irgendwo hab' ich sie gehört. Ein Rätsel sozusagen, eine Rechenaufgabe, wenn Sie so wollen.

Also: Ein Araber besaß siebzehn Kamele. Als er starb, hinterließ er die Tiere seinen drei Söhnen, und sein Testament bestimmte: Der Älteste soll die Hälfte der Kamele bekommen, der Mittlere ein Drittel und der Jüngste ein Neuntel! Wir finden dies heute natürlich nicht so ganz gerecht. Aber was wollen wir machen, so will es die Geschichte. Und was die drei Söhne anbelangt, so mochten sie nun zählen und rechnen, wie sie wollten, die Rechnung ging nicht auf. Wie sollte sie auch? Wie kann man siebzehn Tiere so aufteilen, daß jeder das Seine bekommt: nämlich die Hälfte, ein Drittel und ein Neuntel?

In ihrer Not, so wird berichtet, gingen die drei Burschen zu einem armen alten Mann, der nur ein einziges Kamel besaß. Ihn fragten sie um Rat. Der Mann überlegte eine Weile und holte dann sein Kamel herbei. Er stellte es neben die andern, so waren es nun achtzehn. Und siehe da: Schon ging die schwierige Rechnung mühelos auf. Der Älteste bekam die Hälfte, nämlich neun Kamele, der Zweite ein Drittel, das waren sechs, und der Jüngste erhielt sein Neuntel, also zwei Tiere. Genauso, wie es das Testament des Vaters bestimmt hatte. Ein Kamel aber war übrig.

Der alte Mann nahm es an die Leine und ging lächelnd und vielmals bedankt wieder davon.

Soweit das arabische Rätsel. Die Geschichte von drei jungen Leuten, einem unlösbar scheinenden Problem und dem Rat eines alten Mannes. Mag sein, daß Sie den Realitätsbezug dieser Rätselaufgabe nicht allzuhoch einschätzen. Was hat das schließlich mit unseren Sorgen heute zu tun? Allein schon der Orient, dazu das überaus merkwürdige Testament eines Kameltreibers, und dann drei junge Leute, die ihre Probleme einem alten Mann vortragen, na! Und der Gipfel: daß am Ende ausgerechnet der einen Rat weiß! Man kann auch nicht sagen, daß der Alte nur irgendwas daherlabert: ja, er könne sie gut verstehen, und er sei ja auch mal jung gewesen, und da habe es auch Probleme gegeben, und bestimmt falle den jungen Leuten noch eine Lösung ein! – Nein, der alte Mann gibt eine einfache praktische Hilfe, die Hand und Fuß hat. Sogar vier Füße, wenn man es genau nimmt. Also das ist doch was: Bringt der Alte einfach sein Kamel herbei, und schon stimmt die Rechnung. Und nimmt dann sein Tier wieder an die Leine und marschiert davon.

Was sagen Sie dazu? Also ich finde, in der Geschichte steckt ein prachtvolles Stück Lebenserfahrung, Weisheit und auch Humor!

Ich weiß: Wir leben in einer Zeit, in der niemand als »alt« gelten will. Jungsein ist Trumpf, und betagte Leute leben auf, wenn man ihnen bescheinigt, sie sähen doch noch recht jugendlich aus. Dabei – und dies meint die Geschichte wohl – haben wir die Weisheit und Güte älterer Menschen so nötig. Ohne sie kommen wir nicht zurecht, mit siebzehn Kamelen nicht und nicht mit unserer noch komplizierteren Welt. Alt oder jung, das läßt sich freilich nicht einfach nach dem Geburtsjahr bemessen. Es gibt ältere Damen und betagte Herren, die manchem Jugendlichen immer noch allerhand voraushaben, was Lebensfreude und Tatendrang angeht. Aber umgekehrt ist auch nicht jedes graue Haupt weise und gütig geworden – eher bitter und böse. Ja, dafür gibt es Beispiele genug. Wie einem denn Vorurteil und Kälte, menschenverachtende Arroganz auch unter jungen Leuten begegnen mag.

Dennoch rät uns die Bibel, alte Menschen zu ehren. Nicht selten schon im eigenen Interesse, wie wir gesehen haben. Darum gibt es in Griechenland ein Sprichwort, das besagt: »Wenn du keinen alten Menschen im Hause hast, dann leih dir einen!«

Ich geb's auf

Ich denke, wir brauchen das hin und wieder: ein Erfolgserlebnis. Etwas, was uns gelingt, was glückt. Denn vieles glückt eben nicht.

»Ich bin ein Pechvogel«, sagte vor ein paar Tagen einer, der wie so viele andere auf der Durchreise, also nirgendwo zu Hause, an der Pfarrhaustür klingelte. »Ich kann anfangen, was ich will«, sagte er, »ich habe einfach kein

Glück!« Dann begann er, sein Leben zu erzählen. Und selbst wenn er dabei ein wenig übertrieb (er wollte ja schließlich etwas), da reihte sich wirklich ein Verhängnis an das andere. Mancherlei hatte er versucht, aber es klappte einfach nicht. »Ich hab' nun mal kein Glück«, meinte er, »ich weiß nicht, ob Sie das verstehen!«

Nein, ging es mir durch den Kopf, so richtig kann dir das nur einer nachfühlen, dem es ähnlich ergangen ist. Der auch so ein Pechvogel ist, so ein Unglücksrabe. Im Vergleich dazu geht es mir gut, dachte ich. Aber daß etwas danebengeht, daß ich Pech habe, manchmal auch so etwas wie eine Pechsträhne, und daß man in einer Sache nicht mehr weiß, wie es noch weitergehen soll, das kenne ich auch. Dann kommt leicht das Gefühl auf: Es hat ja doch alles keinen Sinn. Wozu strengst du dich an. Gib's lieber gleich auf!

Ich finde es gut, daß solche Gefühle, solche Erfahrungen auch im Evangelium vorkommen. Einmal wird erzählt, daß Petrus mit einigen andern fischen ging. Das war seine Arbeit. Davon lebte er, davon mußte er seine Familie ernähren. Aber – so wird berichtet – in jener Nacht fingen sie nichts. Mit leeren Netzen, mit leeren Händen kehrten sie morgens heim.

Da steht Jesus am Ufer, so heißt es. Er ruft ihnen zu: Habt ihr etwas zu essen? – Nein, erwidern sie, und es klingt müde und enttäuscht: Wir sind umsonst ausgefahren. – Da sagt er zu ihnen: Werft das Netz noch einmal rechts vom Boot aus! – Leicht gesagt. Aber Petrus weiß, daß man jetzt nichts mehr fängt, jetzt am Tag, wo die Fische auf den Grund gehen, um der Glut der Sonne auszuweichen. Schließlich ist er Fischer, Fachmann sozusagen. »Meister«, sagt Petrus – und ich denke, es klingt ein bißchen nachsichtig –, »wir haben uns die ganze Nacht hindurch abgemüht, und wir haben nichts gefangen. Aber – nun ja, wenn du meinst, auf dein Wort hin will ich die Netze noch einmal auswerfen!«

So geht es mir auch manchmal, denke ich. Man hat wirklich getan, was man konnte. Man hat alles versucht. Aber es war umsonst. Sämtliche Erfahrungen, die sicheren Tips, die bewährten Methoden, alles, was früher klappte, das bringt nichts mehr. Gewaltige Anstrengungen, aber der Erfolg ist gleich Null. Es hat keinen Zweck, die Leute aufzumöbeln: Ihr müßt einen festen und fröhlichen Glauben haben! Sie haben ihn nicht. Und niemand weiß, woher man das noch kriegen soll: Glauben, Zuversicht.

Da steht Jesus am Ufer und sagt: »Versuch's noch einmal!« – O Herr, denke ich, wir haben wirklich alles versucht, es nützt nichts! Aber dann kann es sein, daß ich doch wieder von vorn beginne. Sagen wir: an diesem Tag. Nun gut, wenn du es willst, Herr! – Sie gingen wieder an die Arbeit, heißt es, und fingen eine so große Menge Fische, daß ihre Netze zu zerreißen drohten. Ja, das gibt es, ich habe es selber schon erlebt: daß gegen alle Erwartung doch etwas gelingt. Vielleicht völlig anders, als man es gelernt hat und weiß. Aller Erfahrung, aller Wahrscheinlichkeit zum Trotz. – Weil du es gesagt hast, Herr. Also will ich es von neuem versuchen. Auf dein Wort hin!

Fundsachen

Merkwürdig ist das schon: fast immer am Sonntag entdecken wir in unserer Kirche nach den Gottesdiensten allerlei Sachen in den Bänken, die vergessen worden sind: liegengebliebene Schirme, Brillen-Etuis, Taschentücher oder Handschuhe. Sogar ein Damenschuh war einmal dabei. Wir haben uns amüsiert, wie die Dame auf einem Bein mit einem Schuh nach Hause gehüpft sein mag. Ist sie womöglich entschwebt? Mehr ließe sich von einem richtigen Gottesdienst kaum erwarten! Doch wie kommt es bloß, fragt man sich, daß die Leute ihre Sachen so leicht vergessen und kaum einmal einer nachfragt, ob denn nicht sein Brillen-Etui oder ein kleiner Schirm gefunden wurde? Vermissen sie denn gar nichts, die Menschen?

Hier zum Beispiel, das ist doch wirklich ein schöner Handschuh, oder? Hübsch sieht er aus. Sag, willst du uns nicht mal deine Geschichte erzählen, kleiner roter Kinderhandschuh?

Ach, sagt er, und es hört sich traurig an: von der Fabrik aus, wo ich sozusagen das Licht der Welt erblickte, kam ich in ein Kaufhaus. Dort legte man mich zusammen mit anderen Handschuhen in ein Fach für Kindergrößen. Hin und wieder kamen auch Leute und fragten nach Handschuhen. Und manchmal holte die Verkäuferin mich heraus und legte mich auf den Ladentisch. Dann kam es vor, daß eine Kinderhand mich anprobierte. Ach, dachte ich, das müßte schön sein, solch eine kleine Hand zu wärmen. Da brauchte ich nicht länger in dem dunklen Fach zu liegen. Man würde überall mitgenommen, auf die Straße, in die Schule, was weiß ich. Lustig wäre das, man käme ordentlich in der Welt herum, so träumte ich.

Und stellt euch vor: eines Tages kam ein kleines Mädchen mit seiner Mutti, die fragten nach Handschuhen. Ich war ganz aufgeregt. Und denkt euch, das Kind nahm mich und sagte: diese möchte ich haben, die gefallen mir am besten! Da war ich aber stolz! Und wirklich, ich durfte mit! Oft wurde ich nun getragen: am Sonntag beim Kirchgang und werktags auf dem Weg zur Schule. Ich kam in die großen Kaufhäuser, sogar in den Zoo durfte ich mit. Und immer hab' ich mich bemüht, die kleine Hand schön warm zu halten. Bis ich eines Sonntags in der Kirche liegenblieb. Nur keine Angst, dachte ich: ganz bestimmt kommt mein Mädchen wieder zurück, um mich abzuholen. Sie wird mich sehr vermissen. An den Fingern wird sie's frieren. Was macht sie ohne mich!

Aber als ich so überlegte, kam ein Mann und nahm mich einfach mit. In eine große Schachtel tat er mich; da lagen noch viele andere Sachen: Taschentücher gab es da und Gesangbücher und Brillen.

Na, sagte eine kleine Geldbörse neben mir: bist du auch hier gelandet? Und schon erzählte sie mir ihre Geschichte: einfach liegengelassen hat man mich, vergessen, sagte sie jammernd. Nicht einmal gefragt haben sie nach mir. Dabei habe ich noch eine Mark und fünzig Pfennig bei mir, und ich habe doch allerhand Geld gekostet! Und so klagten sie alle, die Brillen und die Gesangbücher und der kleine Knirps: niemand vermißt uns. Sind wir denn nur etwas wert, wenn wir neu sind? Ja, vergeßlich sind sie, die Menschen. Und undankbar!

Doch so geht es. Wenn ein Kind zur Welt kommt, so klein und winzig, dann sagen alle: wie süß! Aber später kümmern sich die Leute nicht mehr so um einen Menschen. Wenn einer älter wird, läßt man ihn links liegen und ist froh, wenn man nichts mehr mit ihm zu tun hat. Soll er doch selber sehen, wo er bleibt, heißt es dann. Bin ich der Hüter meines Bruders?

Jesus aber hat es anders gemacht. Und er will, daß wir es auch anders halten. Er geht den Menschen nach, die verlorengingen, die man vergessen hat. Wie eine arme Frau macht er es, die hinter einem verlorenen Geldstück her ist, bis sie es findet. Wie ein Hirte, der die ganze Herde läßt, nur um ein kleines verirrtes Schaf zu suchen. Dieses eine ist ihm wichtig. Und er sagt: Das könnt ihr mir glauben, im Himmel ist das auch so. Da ist mehr Freude über einen, der verlorenging und den man wiederfindet, als über alle andern. So hat Jesus gesagt. Und seit ich das weiß, will ich gerne glauben, daß er auch mich nicht vergißt, mich nicht liegenläßt, sondern mir nachgeht, mich sucht, mich heimholt. So viel bin ich ihm wert. Und deshalb will auch ich niemanden vergessen und links liegenlassen. Keinen einzigen Menschen. Und nicht einmal einen kleinen roten Handschuh, der einmal zu mir gehört hat.

Die tödliche Angst

»Wir sind in Ängsten, und siehe, wir leben!« Ein Bibelwort, vor einigen Jahren auch Motto eines Evangelischen Kirchentages. Ein überaus aktuelles Wort. Viele Menschen haben Angst. In Hamburg, las ich einmal, hat man Studenten befragt, mit welchem Grundempfinden sie dem Leben gegenüberstehen. Und sechzig von hundert hatten geantwortet: »Mit Angst!« Das war vor einigen Jahren; heute dürften es mehr als sechzig Prozent sein.

Angst. Das Wort kommt aus dem Lateinischen: anxius heißt ängstlich, angstvoll. Angustiae, das bedeutet Ängste. Enge klingt darin an, Atemnot, das Gefühl der Beklemmung. Ängste aller Art quälen die Menschen heute, und Angstmacher gehen um. Fast möchte man sagen: es ist modern, es ist ›in‹, Angst zu haben. Gerade unter jungen Menschen ist es ein weitverbreitetes Lebensgefühl. Und nicht ohne Grund: die Probleme wachsen uns über den Kopf. Wie soll das weitergehen mit unserer Welt? Wir erkennen heute, daß wir an die Grenzen des Wachstums stoßen, daß die Reserven, die Bodenschätze nicht unerschöpflich sind. Wir erleben, wie der technische Fortschritt immer mehr Natur zerstört, Landschaft verbaut, die Luft, das Wasser, den Wald verdirbt, die Lebensmittel vergiftet. Wir wissen, daß die wachsende Menschheit schon heute nicht mehr ausreichend versorgt werden kann, Hunger und Elend trotz aller Bemühungen zunehmen. Und nicht zuletzt haben wir Angst vor dem unaufhaltsamen Anwachsen tödlicher Waffenarsenale, mit denen wir Menschen unsere Welt vernichten können.

Vor diesem schrecklichen Hintergrund zeichnen sich die kleinen Ängste des einzelnen Menschen überdeutlich ab: Werde ich noch mitkommen in der Schule? Werde ich eine Lehrstelle finden, eine Anstellung? So fragen die jungen Menschen, die früher trotz aller Schwierigkeiten im Vertrauen auf ihr Durchsetzungsvermögen, ihre neuen Ideen an den Start gingen. Heute haben sie Angst vor der Zukunft, und man kann es verstehen angesichts der wachsenden Arbeitslosigkeit und eines immer härter werdenden Existenzkampfes. Was wird aus mir werden? So fragen auch die Älteren: Wie lange habe ich Arbeit, wie lange kann ich noch mithalten? Auch sie fühlen sich bedroht: von finanziellen Sorgen, von so vielen möglichen Krankheiten, von der Aussicht, einmal und vielleicht bald schon zum alten Eisen zu gehören. Sie fürchten sich vor der Einsamkeit des Alters. Gewiß, auch früher haben die Menschen Sorgen und Ängste gekannt; sie waren sogar weitaus ungesicherter, als wir es heute sind. Aber sie waren von klein auf an den Lebenskampf, an Entbehrungen aller Art gewöhnt. Den Menschen heute ist es dagegen bisher recht gutgegangen. Werden sie den kommenden Belastungen gewachsen sein? Dabei sind es wohl oft gar nicht die Nöte selbst, die ängstigen. Es ist die Angst vor ihnen. Eine Angst, die tödlich sein kann.

Ich las einmal von einem Verladearbeiter, der abends versehentlich in einen Kühlwagen eingeschlossen wurde. Man fand ihn am anderen Morgen tot. Er hatte zunächst auf alle mögliche Weise versucht, sich selbst zu befreien. Als dies nicht gelang, gab er auf. Er spürte die wachsende Kälte und den nahenden Tod. Zuletzt schrieb er in seiner Angst die Worte auf ein Stück Papier: ich erfriere, wenn nicht bald Hilfe kommt! Am anderen Tag fand man ihn tot. – Dabei stellte sich heraus, daß das Kühlaggregat gar nicht eingeschaltet war. Die Angst war es, die ihn getötet hatte.

Angst kann tödlich sein. »In der Welt habt ihr Angst«, sagt Jesus. »Aber seid getrost, ich habe die Welt überwunden!« Ist das ein Mittel gegen die Angst? Ein Fingerzeig, der uns retten kann? Ja, für viele Menschen ist es so gewesen: aus dem Glauben an den Gekreuzigten, der selbst Todesangst durchlitt und durch den Tod ging, ist ihnen Hoffnung erwachsen. Und die war noch stärker als alle Angst. »Wir sind in Ängsten«, bezeugt Paulus – und er spricht für eine Generation, die man gejagt, gefoltert, getötet hat –, »aber siehe«, schreibt er, »wir leben!« Wir überleben durch die Kraft unseres Glaubens, durch unsere unzerstörbare Hoffnung. »Was seid ihr so furchtsam, ihr Kleingläubigen«, ruft Jesus den Jüngern im wütenden Sturm, im sinkenden Schiff zu. Er, der dem Sturm gebietet, kann uns die Angst nehmen. Und vielleicht darf man hinzufügen: er allein!

Gedanken auf dem Friedhof

Der Novemberwind weht die Blätter von den Bäumen. Wenn wir durch den Friedhof gehen, raschelt das Laub. Gelbe Blätter decken die Gräber: die der Reichen und die der Armen – die der Betrauerten und die der Vergessenen.

Ich bleibe stehen vor einem Stein. Ich lese den Namen, den ich nicht kenne, die Daten eines Lebens, das nicht das meine ist. Hier ruht in Frieden. Hier zerfällt ein Menschenleib und wird wieder zu Erde. Wer lebt noch von denen, die diesen Leib geboren, ihn umarmt und gepflegt und schließlich begraben haben? In wem weckt dieser Name noch Erinnerungen oder gar Dank und Liebe? Sind wir mehr als die Blätter, die vom Baum des Lebens fallen? Was bleibt von mir? Von meinem Körper, meiner Haut, von dem, was ich denke und empfinde, von dem, was ich tue? Wir müssen alle mal dran glauben. Aber woran? Woran werden wir alle einmal glauben?

Solange es Menschen gibt, sehen sie den Tod vor Augen. Und doch, soweit wir in die Geschichte der Menschheit auch zurückschauen – gegen den Augenschein, gegen die ständige Erfahrung des Sterbens setzten sie ihren Glauben, daß der Tod nicht das letzte Wort habe. Freilich, etwas vom Menschen sterbe, die Hülle, der Leib. Aber etwas bleibe auch, lebe weiter. Sie nannten dieses Unzerstörbare Geist oder Seele. Sie meinten, wenn in dieser Welt überhaupt etwas sinnvoll sei, dann müsse auch ein Menschenleben seinen Sinn haben. Und so mußten sie wohl dran glauben; wie anders sollten sie es sich sonst erklären? Sie sahen die Blätter von den Bäumen fallen und sterben. Aber sie sahen auch, daß der Baum dennoch weiterlebte und im Frühjahr neue Knospen trieb. Nur weil die alten Blätter starben, konnte der Baum fortleben und neue Bätter hervorbringen.

Ich betrachte meine Hand, die noch warm ist. Eines Tages wird sie erkalten, denke ich, todsicher. Einmal habe ich gelesen, daß die einzelnen Zellen eines menschlichen Körpers sich ständig erneuern. Körperlich gesehen, ist von meiner Hand, wie sie vor zehn Jahren war, heute nichts, kein Gramm mehr, vorhanden. Und dennoch ist es nach wie vor unverwechselbar meine Hand. In der Natur, sagt man, geht nichts wirklich verloren; es wandelt sich nur, es erneuert sich. Und doch bleibt etwas. Es bleibt meine Hand; mein Fingerabdruck bleibt.

Daran läßt sich jeder Mensch erkennen: an seinem Fingerabdruck. Der ist zwar bei jedem anders. Doch bleibt er derselbe, heute wie vor zehn Jahren. Die Einmaligkeit eines Menschen überdauert alle Veränderungen.

Ob es nicht hinter allem einen gibt, der erkennt, wer wir sind? Einen, der unsere Hand nimmt und uns in Liebe anschaut? Wir träumen wohl manchmal davon. Im Alten Testament ist es als Erfahrung aufgezeichnet. Eine göttliche Stimme spricht: »Fürchte dich nicht, ich fasse dich an der Hand; ich habe dich bei deinem Namen gerufen, du bist mein!« – Es war einer, der machte diese Stimme wieder vernehmbar, der stärkte alle in diesem Vertrauen. Die mit ihm lebten, sagten sogar, er sei ihnen nach seinem Tode als Lebendiger begegnet. Das ist fast zweitausend Jahre her. Aber es gibt noch heute Menschen – ich zähle mich dankbar zu ihnen –, die glauben, er habe auch sie in ein neues, ja das eigentliche, ewig gültige Leben gerufen. Wir, die wir Jesus Christus begegnet sind als dem Lebendigen, ja dem Schlüssel zum Leben selbst, wir berufen uns auf sein Wort: »Wer an mich glaubt, der wird leben, selbst wenn er gestorben ist!« Diesem unbesiegbaren Leben empfehlen wir unsere Toten. Wir bitten für sie, Gottes Güte möge sie annehmen und ihre menschliche Armseligkeit läutern, bis sie ganz vollendet und dem Auferstandenen ähnlich geworden sind.

Einer von vielen, die aus solchem Vertrauen angesichts des Todes lebten, war der Lübecker Kaplan Hermann Lange. Er schrieb am 10. November 1943 vor seiner Hinrichtung einen Abschiedsbrief an die Eltern: »Liebe Eltern, wenn Ihr diesen Brief in Händen habt, weile ich nicht mehr unter den Lebenden. Wenn Ihr mich fragt, wie mir zumute ist, dann kann ich nur sagen: Ich bin froh! Welch wunderbare Kraft geht doch aus von dem Glauben an Christus, der uns im Tod vorausgegangen ist. An ihn habe ich geglaubt, und heute glaube ich fester denn je an ihn, und ich werde nicht zuschanden werden. Heute kommt die größte Stunde meines Lebens. Jetzt wird für mich der Glaube übergehen in Schauen, die Hoffnung in Besitz, und für immer werde ich Anteil haben an dem, der die Liebe ist. Heute ist Heimkehr. Auf Wiedersehn . . . Euer glücklicher Hermann.«

Mitten im Tod sind wir vom Leben umfangen. Das ist die Hoffnung, an die ich mich glaubend herantaste. Und ich meine: Wir werden es sterbend und lebend erfahren.

Wir werden alle mal daran glauben müssen. Nein: glauben dürfen.

Dies ist das Ende nicht

Vor ein paar Tagen haben wir ihn begraben: einen jungen Familienvater, dreiunddreißig Jahre alt. Eine gute Frau ließ er zurück und zwei Kinder. Monatelang hatte er im Krankenhaus gelegen. Alles hatte man versucht. Aber es war nichts mehr zu machen: Krebs. Und er wußte, es gab keine Rettung mehr für ihn. Zwei Jahre zuvor war der Vater gestorben. Auch an Krebs, nach langem Leiden. Das hatte er miterlebt, er wußte, wie es ist, wenn einer stirbt. Und nun war das eingetreten, woran er nie im Ernst gedacht hatte: die Reihe war an ihm. Jetzt stand er selbst vor dem dunklen Geheimnis des Todes.

Im Gespräch mit seiner Frau ließ er erkennen, daß er darauf gefaßt war. Wie aber würde sie ohne ihn zurechtkommen? Und wie sollte es mit den Kindern weitergehen? Das ging ihm ständig durch den Kopf, dieser Gedanke machte ihm zu schaffen. An einem der letzten Tage hörte ihn die junge Frau sagen – er sprach langsam und angestrengt: »Hab keine Angst, sei nicht traurig. Ich werde vom Himmel aus für euch sorgen!«

Er suchte sie zu trösten. Aber ist das ein Trost? Kann man an so etwas glauben, sich daran festhalten? Was ist das, der Himmel, wo ist das, und wie wird das sein?

»Der Vati ist jetzt nicht mehr hier«, sagt die junge Frau später am Grab zu den Kindern, die nach dem toten Vater fragen. »Er ist jetzt im Himmel beim lieben Gott. Er ist uns vorausgegangen, er wartet dort auf uns alle!«

Es sieht nach Abschied aus, nach Abschied für immer. Und es ist ein Abschied. Die Kinder werden ihren Vater nicht mehr sehen, solange sie leben. Das ist der Tod. Einer geht, und die andern bleiben zurück. Der Vater ist jetzt im Himmel bei Gott, so sagen wir. Das Wort »Himmel« – ein Bildwort – steht für eine Wirklichkeit, die nur dem Glauben zugänglich ist. »Jesus wurde zum Himmel erhoben«, heißt es, »eine Wolke entzog ihn ihren Blicken.« Schon im Alten Bund galt die Wolke als ein Zeichen für einen Gott, der unsichtbar und doch gegenwärtig ist, verborgen und doch nahe. In die Wolke aufgenommen werden, das bedeutet demnach: Jesus ist nun bei Gott. Er ist unseren Blicken entzogen und doch nahe. Er ist zu Hause in der Welt Gottes. Er wurde endgültig aufgenommen in das innerste Geheimnis: er lebt jetzt im Herzen des lebendigen Gottes.

Und was ihm geschah, das dürfen wir auch für unsere Toten, ja für uns selber erhoffen: »Unsere Heimat ist im Himmel«, sagt Paulus mit ganz einfachen Worten. Das Wort vom Himmel will also nicht unbedingt einen geheimnisvollen Ort über oder hinter den Sternen bezeichnen. Himmel steht für etwas Größeres. Gemeint ist: Du darfst im Innern, im Herzen Gottes sein. Im Raum seiner ewigen Liebe bist du geborgen, und dies für immer. »Ich gehe hin«, sagt Jesus den Jüngern beim Abschied, »um euch eine Wohnung zu bereiten!« Wer das glauben kann, der begreift: Wir gehen schon jetzt auf den Himmel zu. Schon jetzt leben wir – mit einem Bein sozusagen – im Himmel. Indem wir mit Jesus verbunden sind. Indem er, der Auferstandene, durch den Glauben in uns lebt, haben wir teil an seinem unsterblichen Leben. »Nicht mehr ich lebe«, mögen wir das mit Paulus ausdrücken, »nein, Christus lebt in mir!«

Nur so kann man verstehen, was von den Jüngern Jesu gesagt ist: daß sie Abschied nehmen und doch mit großer Freude heimkehren. In allem Schmerz der Trennung ist ihnen aufgegangen: Dies ist das Ende nicht, es ist ein Anfang. Mitten im Leben sind wir vom Tod umfangen. Aber mitten im Sterben werden wir für ein neues Leben geboren. Und keine Macht der Welt wird uns mehr trennen können von der Liebe Christi, die uns den Himmel erschließt. Versuchen wir's also doch anzustimmen, sogar am Sterbebett und über den Gräbern, das Lied, das die Jungen heute so gern singen: »Der Himmel geht über allen auf, auf alle über, über allen auf . . .«

Immer so weiter

Es ist mir noch gut in Erinnerung: Als Kinder fuhren wir ein übers andere Mal zu Tante Elise; ich sehe sie noch ganz lebendig vor mir. Auf die Frage: »Na, wie geht's bei euch, gibt es etwas Neues?« pflegte sie stets auf die gleiche Weise zu antworten: »Na ja, merr mache halt als so weider!« Genauso ist es mir im Gedächtnis geblieben; ich habe noch den Tonfall im Ohr, in dem sie das sagte. Wir – so müßte man es hochdeutsch wiedergeben –, wir machen eben immer so weiter! Eine alte Erinnerung für mich. Und ein Satz, in dem – so scheint es mir nach so vielen Jahren – ein gutes Stück Lebenserfahrung und Weisheit steckt, aber auch Tapferkeit. Wir machen immer so weiter! Das will sagen: Wir lassen uns nicht unterkriegen, was auch geschieht! Ich denke, es macht einen guten Teil unseres Lebens aus, daß wir unbeirrt unseren Weg gehen und über die Zeiten mit ihren jeweiligen Moden hin uns selber treu bleiben. Daß wir, ohne viel Aufhebens davon zu machen, unsere Arbeit tun, unseren Pflichten nachkommen. Wir machen halt immer so weiter. Und das ist gut so!

Und doch: Wir verändern uns auch. Unser Körper wechselt und erneuert ständig seine Zellen, ohne daß es uns bewußt wird. Die Jahre gehen nicht spurlos an uns vorüber. Die Haare werden grau, Falten zeichnen sich ab im Gesicht. Beschwerden stellen sich ein, öfter als früher gehen wir zum Arzt. Wir machen Erfahrungen. Unaufhörlich nehmen wir Neues in uns auf. Dabei verändert sich unser Lebensgefühl. Wir revidieren frühere Einstellungen. Weiser werden wir, milder im Urteil, nachsichtiger gegen andere. Man wird ausgeglichener, vorsichtiger. Zuweilen starrsinnig, das gibt es auch. Meistens aber wird man gleichgültiger mit den Jahren und – geben wir's ruhig zu – auch bequemer. Alles in allem: wir verändern uns, wir denken und empfinden anders. Und das muß wohl so sein, denke ich. Das ist gut so!

Bert Brecht, fällt mir ein, hat in seine »Kalendergeschichten« auch die Geschichten von Herrn Keuner aufgenommen. Die letzte dieser Reihe heißt »Das Wiedersehen«. Sie ist ganz kurz und lautet so: »Ein Mann, der Herrn K. lange nicht gesehen hatte, begrüßte ihn mit den Worten: Sie haben sich gar nicht verändert! – Oh, sagte Herr K. und erbleichte.« – Wie war das? Er habe sich gar nicht verändert, hörte Herr K. von sich sagen, und er erbleichte. Er nahm es nicht als Kompliment, leicht dahingesagt. Er nahm dieses Wort ernst und fand darin einen Vorwurf, der ihn traf. Vielleicht, weil er es sich nicht selber eingestehen wollte: Er hatte etwas versäumt, etwas nicht geleistet. Zu wachsen, zu reifen war ihm aufgegeben. Aber er hatte sich nicht verändert. Er war, indes die Jahre dahingingen, geblieben der er war. Und auch wie er war: unverändert, ungeläutert. Er war sitzengeblieben, während die Welt um ihn herum sich weiterbewegt, fortentwickelt hatte. Und das war nicht gut!

»Leben heißt: sich verändern. Vollkommen sein heißt: sich oft verändert haben!« Ein Wort von Kardinal Newman, dem großen englischen Konvertiten des vergangenen Jahrhunderts. Auf dieser Linie liegt sicher auch, was die Bibel mit dem Wort »metanoeite« meint und was wir gewöhnlich mit dem Wort »Tut Buße!« übersetzen. Darin klingt jedoch mehr an. Man könnte es wiedergeben mit Aufforderungen, wie »Ändert euch! Kehrt um! Bekehrt euch! Verlaßt den falschen Weg! Korrigiert eure verkehrte Lebenseinstellung! Ihr müßt neue Menschen werden!« – Das ist richtig, wer wollte es bestreiten!

Und doch kann ich das andere nicht vergessen: Wir machen halt immer so weiter! Ich weiß, das kann nach Unbeweglichkeit klingen, nach Gehen im alten Trott. Vielleicht steht aber doch auch ein Stück Entschlossenheit dahinter, auf einem als gut und richtig erkannten Weg zu bleiben. Und dies gegen alle Versuchungen zum bequemeren Leben und entgegen allen modischen Verlockungen, es sich leichter zu machen und das Segel nach dem jeweiligen Wind zu drehen. Nein, manchmal gehört schon allerhand dazu, um »immer so weiterzumachen«!

Kein Ausweg mehr

»Wer einmal aus dem Blechnapf frißt«: Titel eines berühmten Romans von Hans Fallada. Ich denke: Wer das erlebt, hinter sich gebracht hat, der wird es sein Leben lang nicht so leicht vergessen. Ich war gerade achtzehn Jahre alt geworden, als ich verhaftet wurde, im Frühjahr 1944 war das. Und ich wußte damals sehr wohl, was das bedeutete: Die Urteile für politische Vergehen waren nicht vorhersehbar. Alles war möglich, sogar – und gar nicht selten – die Todesstrafe. Ich saß in meiner Zelle in Untersuchungshaft und war allein mit meiner Angst, mit den immer wiederkehrenden, ständig im Kreis laufenden Gedanken: Was wird man mit dir machen? Wie geht das aus? Kommt es zum Schlimmsten, oder besteht noch irgendeine Hoffnung? Auf- und Abgehen in der kleinen Zelle, ein paar Schritte hin, ein paar Schritte her, und so den ganzen Tag. Einzelhaft. Dazwischen Verhöre. Keine Nachricht von draußen, keine Post, kein Besuch, auch kein Anwalt. Natürlich keine Zeitung. Kein Radio, kein Fernsehen, keine Beschäftigung, kein Freigang und all

das, was heute im Knast üblich ist. Gürtel und Schnür-
senkel hatte man mir abgenommen, so mußte ich beim
Stehen die allzuweite Hose halten und in offenen
Schuhen schlurfen. Was man mir als einziges zugestan-
den hatte, merkwürdigerweise: eine kleine Luther-Bibel,
das Neue Testament und die Psalmen. Dies oder Hitlers
»Mein Kampf«, eins von beiden, und ich hatte die Bibel
gewählt. Seitdem weiß ich, was Psalmen sind und welche
innere Kraft, welche Hilfe von diesen uralten Gebeten
herkommt. Gerade da, wo nichts mehr zu tun und kaum
noch etwas zu hoffen ist.

Es gibt berühmte Briefe aus dem Gefängnis, aus der
Haft: Die Gefangenschaftsbriefe des Paulus. Aufzeich-
nungen aus den Sowjetkerkern, den Straflagern. Die
Notizen des Jesuiten Alfred Delp und so vieler anderer.
Aus dem Gefängnis Berlin-Tegel schrieb der evangelische
Theologe Dietrich Bonhoeffer, ehe er im April 1945
hingerichtet wurde: »So eine Gefängniszelle ist ein guter
Vergleich für die Adventssituation; man wartet, hofft, tut
dies und jenes – letzten Endes Nebensächliches. Die Tür
ist verschlossen und kann nur von außen geöffnet
werden!« – Aus dem Verlies des Herodes sendet der
Täufer Johannes die Frage an Jesus: »Bist du es, der da
kommen und retten soll, oder müssen wir auf einen
andern warten und hoffen?«

Das ist – sagt Bonhoeffer – wie Advent: man ist
gefangen, die Tür kann nur einer von außen öffnen. Ein
solcher Kerker muß gar nicht aus Mauern bestehen. Auch
die Krankheit kann wie ein Gefängnis sein, aus dem es
keinen Ausweg mehr gibt. Keine Tür jedenfalls, die man
aus eigener Kraft öffnen könnte. Es gibt Lebensverhält-
nisse, denen man nicht mehr entfliehen kann. Der Beruf,
eine Ehe, ja die eigene Veranlagung können zum Gefängnis werden. Ein junger Mann, den ich kannte, hinterließ
einen Zettel, ehe er sich vor einen Zug warf: »Ich sehe
keinen Ausweg mehr!« hatte er darauf geschrieben. –

Auch das ist Advent: keine Möglichkeit mehr erkennen, es sei denn, daß einer kommt und öffnet.

»Denn verschlossen war das Tor«, singt ein altes Adventslied, »bis der Heiland trat hervor.« – »O Heiland, reiß die Himmel auf«, fleht ein anderes. Ich kann das gut verstehen: »Macht hoch die Tür, die Tor macht weit!« Man starrt auf die verschlossene Tür und hat nur noch einen Gedanken, einen einzigen Wunsch: diese Tür möge sich auftun. Wie die verzweifelte Frage des Johannes aus dem Verlies des Herodes: »Bist du es, der da kommen soll, uns zu befreien? Oder müssen wir auf einen anderen warten?« Advent, das ist Warten und Bangen und doch zugleich die Hoffnung, daß einer kommt, der uns rettet. Der nicht verurteilt oder zur Hinrichtung abholt, sondern die Tür aufschließt und uns befreit, uns freispricht trotz aller Schuld.

»Es gibt«, sagte Johannes XXIII. einmal, »zwei Türen in die Freiheit, in das Paradies: die Unschuld und die Buße. Wer von uns könnte sich als schwacher Mensch anmaßen, die Tür der Unschuld weit offen zu finden? Die zweite Tür, die der Buße, ist auf jeden Fall offen: Es ist der sicherste Weg in die Freiheit!«

Adventskalender

Sicher geht es Ihnen ähnlich wie mir: In diesen Tagen wird man immer wieder an die eigene Kinderzeit erinnert. Und selbst wenn wir genau wissen, daß der schöne Zauber vergangen ist – zusammen mit den Kindern können wir doch wieder ein bißchen zum Kind werden. Wenn wir nur wollen. Und ich meine, wir sollten uns das gönnen, so geplagt und gehetzt wir auch sind: die frohe Erwartung auf ein Fest der Freude.

Jeden Tag öffnen die Kinder jetzt ein neues Fenster an ihrem Adventskalender und sehen ein neues Vorzeichen des Festes. Welcher Art dieses Zeichen ist und welche Erwartungen, welche Vorfreuden sich in den Kindern regen, wer weiß? Es liegt wohl an uns, was wir ihnen anbieten: Ob es da nur immer neue Verlockungen zum Konsumieren gibt; manche sogenannten Adventskalender sind ja nichts anderes als Werbungen für Geschenkartikel. Oder ob das Kind aufgeweckt, ermuntert wird, sein Herz für anderes zu bereiten. So daß es nach dem Guten verlangt, Freude gewinnt am Freudebereiten. Daß es ein Gespür bekommt für das, was uns und andere in Wahrheit glücklich machen kann.

Ich jedenfalls denke gerne an meine Kinderzeit zurück. Und die Wochen vor Weihnachten gehören gewiß zu den schönsten Erinnerungen. Jeden Tag hat sich uns das Geheimnis des kommenden Festes ein wenig mehr aufgetan, vor allem im Zusammensein in der Familie abends mit Geschichten und Liedern, mit Basteln und Krippenbauen beim Schein der Adventskerzen. Und ich möchte meinen, so ein Programm sei auch heute noch dem »Programm aus der Dose« überlegen, wenn es nur mit Liebe und Phantasie bereitet wird. Da haben wir die Not und Sehnsucht kennengelernt in der langen Geschichte der Menschen. Da wurden die Gestalten der Propheten und ihre unvergeßlichen Worte lebendig. Da wurde das Verlangen wach nach dem, der kommen soll. Überall waren geheimnisvolle Anzeichen dafür zu finden, daß gute Geister umgingen zwischen Himmel und Erde wie auch zwischen den Menschen. Sie brachten uns Kinder dazu, zu basteln und zu malen und mit dem wenigen Geld doch ansehnliche Gaben zu erwerben. Trotzdem blieb uns eine Ahnung, daß mit allem, was man schenkte und geschenkt bekam, in keiner Weise schon das Geheimnis dieses Festes erschöpft war. Ich bin dankbar dafür, daß meine Eltern es verstanden, uns Kinder hellhörig und feinfühlig zu machen für dieses Geheimnis, das nur dem Glauben sich erschließt.

Heutzutage setzen wohl nicht wenige Muttis und Vatis ihren ganzen Ehrgeiz darein, ihre Kinder von all dem eher fernzuhalten. In einem Bäckerladen erlebte ich dieser Tage eine Mutter mit ihrem Kind beim Einkaufen: »Na«, sagte die Verkäuferin freundlich zu der Kleinen, »freust du dich schon? Was bringt dir denn das Christkind?« – Und ehe die Kleine noch antworten konnte, bemerkte die Mutter spitz: »Lassen Sie das!« – Und zu dem Kind: »Nicht wahr, das weißt du schon besser. Ein Christkind gibt es nicht, und es bringt auch nichts. Was wir wollen, kaufen wir uns selber!« – Na, da hatte sie ihr Fett, die Bäckersfrau. Wie konnte sie auch nur so daherreden, wo wir doch alles selber kaufen!

Ich kenne eine ganze Reihe solcher Kinder. Die schreiben natürlich auch ihre Wunschzettel für Weihnachten, eine lange, lange Liste. Genau, sogar mit Preisangabe und Fabrikat. Die haben keine Wünsche mehr, die fordern. Die erhoffen nichts mehr, die geben genau an, wo man's kriegt und was es kostet. Mir tun diese Kinder leid. Sie erwarten nichts mehr. Man kann sie nicht mehr beschenken. Sie wissen schon alles. Und doch, von dem, was uns Menschen in allen Zeiten zu Menschen gemacht hat, Träume, Hoffnungen, Freuden und Ängste, ahnen sie wohl kaum mehr etwas. Ich bin meinen Eltern dankbar, daß sie uns Kinder anders erzogen haben. Und darunter verstehe ich auch, daß sie unsere innersten Fähigkeiten ans Licht zu bringen und unsere besten Wünsche und Kräfte, die des Glaubens, zu wecken vermochten. Damit – wie es von den Hirten in Betlehem heißt – die Klarheit Gottes uns umleuchte.

Die gute alte Zeit

Wenn ich alte Leute so reden höre – Senioren sagt man heute gern, denn wer will schon alt sein? –, dann staune ich oft, wie gut sie Bescheid wissen über alles, was heute so geschieht. Das macht wohl zu einem guten Teil das Fernsehen aus; vor allem die Unterhaltungs- und Ratesendungen haben es ihnen angetan. Aber es kommt doch bald heraus, daß diese heutige Zeit trotz aller Fortschritte vielen von ihnen auch Sorge macht.

Ich kenne eine alte Dame, vor kurzem wurde sie neunzig. Sie ist noch sehr aufgeschlossen für alles. Aber sie sagt zu manchen Entwicklungen: »Ich versteh' das nicht, wie soll das alles noch enden?« – Ich höre eine echte Sorge heraus um die Zukunft, um den Glauben, um die weitere Entwicklung der Welt. »Ich werd's ja wohl nicht mehr erleben müssen«, sagt sie, »trotzdem beschäftigt es mich.« Und ich höre sie von früher sprechen. Von besseren Zeiten, ja – über alles hinweg, was auch sie an Schlimmem erlebt hat –, von der guten alten Zeit. Und wenn ich dann nachfrage, weshalb eigentlich früher so viel besser gewesen sein soll, dann ist es vor allem eines: »Wir hatten nicht alles«, sagt sie, »aber wir waren zufriedener. Es war einfach schöner!«

Wer will, mag das als ein Gerede alter Leute abtun. Die Alten haben zu allen Zeiten von früher erzählt und gesagt: Früher war's besser! Schon möglich. Und doch muß etwas Wahres daran sein. Es ist ja schließlich auch eine menschliche Erfahrung, diese Stimme älterer Menschen. Sie hat nicht weniger Recht, ernstgenommen zu werden, als die Meinung vieler junger Leute, alles Gewesene sei altmodisch, erst heute und mit ihnen beginne die Weltgeschichte und man werde gewiß alles noch viel besser machen!

Es ist schon ein paar Jahre her, da erhielt ich von einer alten Frau einen Brief. Es war damals kurz vor Weihnach-

ten, und sie schrieb in ihrem Brief ein paar Verse aus einem Frankfurter Gedicht. Irgendwo hatte sie es wohl abgeschrieben, oder sie hatte es gar selber verfaßt, ich weiß es nicht mehr. Und da hieß es:
Ach, wenn ich so, wie jetzt in de Weihnachtszeit,
denk an die Kinnerzeit zurück,
wie wenig hat mer doch gebraucht zum Glück!
E paar Bude mit Spielzeug un Lebkucheherze
un de Duft von Tanne un von richtige Kerze.
Ich denk als: Warum sin die Leut heut so verwöhnt?
S' wär besser, es blieb was, nach dem mer sich sehnt!

Manchem wird das in diesen Tagen aus dem Herzen gesprochen sein. Etwas, wonach man sich sehnt. Gibt es denn eine Tür im Adventskalender, die man noch nicht aufgemacht hat? Gibt es etwas, was man nicht schon längst hat und kennt?

Seit einigen Jahren hört man oft sagen: Der Friede ist machbar, Glück ist lernbar, alles läßt sich planen! Irgendwo las ich sogar: Der Gottesdienst muß Hoffnung produzieren! Klar, wir schaffen das, wir werden das Jesuskind schon schaukeln! Und ich weiß auch: Man darf die Hände nicht in den Schoß legen. Wir müssen uns schon rühren, nicht nur gerührt sein. Aber immer mehr Leute, auch Jüngere, begreifen doch heute in allem Mühen und Sichabrackern, daß wir an den Grenzen des Machbaren, des Wachstums, des Fortschrittes angekommen sind. Vergessen wir nicht: Es gibt vieles, was wir gar nicht organisiert, nicht selber gemacht haben und das uns doch einfach zuteil geworden ist, uns glückt. Mit anderen Worten: Es gibt noch immer Geschenke. Nur wenn es noch etwas gibt, nach dem man sich sehnt, wenn es so etwas wie Wünsche in uns gibt und etwas zu hoffen, dann kommt Freude in uns auf. Dann haben wir Zukunft. Dann gibt es für uns nicht nur die gute alte Zeit, sondern auch eine gute neue . . .

Der Micky hat gesagt

Bemerkt doch da so ein Kleiner, gerade sieben Jahre alt, mit der ganzen Überzeugungskraft seiner ersten Erkenntnisse zu mir: »Es gibt ja gar kein Christkind!« – »So, meinst du?« antworte ich, »wer hat das denn gesagt?« – »Ei, der Micky!« – »Na, der muß es ja wissen. Wenn man's genau nimmt, hat er ja auch recht, ein Kind ist er nicht mehr, unser Herr Jesus Christus. Aber geben tut es ihn! Wer hat nun recht, der Micky oder ich?« –

Der Kleine guckt mich so von der Seite her an: »Aber der Micky hat gesagt – also er hat genau gesehen, wie sein Vater den Fußball, den er sich gewünscht hat, hinten im Kleiderschrank versteckt hat.« – »Ah, so . . .!« – »Logo, und also sind es bloß immer die Eltern. Und deshalb gibt es kein Christkind!« – »Klar«, sage ich, »da hast du recht, den Fußball wird dem Micky schon sein Vater gekauft haben, das glaub' ich auch, und nicht das Christkind in einem himmlischen Kaufhaus. Aber sag mal, kriegt dein Vater zu Weihnachten auch was von dir?« – »So 'nen Dackel!« – »Einen Dackel?« frage ich verdutzt. »Ja, aus Laubsägeholz. Der kommt auf 'nen Korkstopfen und für obendrauf auf 'ne Schnapsflasche. Und dann kauf' ich ihm noch was, mal seh'n!«

»Der Dackel ist sicher schon fertig?« – »Nein, ich muß ihn erst anmalen und dann noch lackieren!« – »Aha, aber sagen wir, wenn dein Vater heute nachmittag plötzlich zur Tür reinkäme, wenn du gerade deinen Dackel anmalst . . .?« – »Keine Angst, der geht ja schaffen. Der kommt immer erst nach halbsechs!« – »Ja so, aber es könnte doch sein, daß er auch mal ein bißchen früher heimkommt oder beim Aufräumen zufällig deinen Dackel findet. Würde der dann auch denken: Schau an, es gibt ja gar kein Christkind, das macht ja bloß mein Sohn!?«

»Aber das tu' ja auch bloß ich!« – »Stimmt, aber warum

machst du das, ich meine, daß du den Eltern was schenkst?« – »Ei, die schenken mir ja auch immer was!« – »Ach, so ist das: Du schenkst, weil du was geschenkt kriegst. Das ist einfach so 'ne Angewohnheit?« – »Ja, das war eben immer so!« – »Aber da muß doch mal einer mit angefangen haben, denk mal ganz weit zurück . . .« – Der Kleine denkt nach. Vorläufig ohne Ergebnis. »Denk mal an Weihnachten«, sage ich, »an die Krippe . . .« – »Ach so«, meint er, »die Hirten, die haben dem Jesuskind auch was geschenkt.« – »Genau, und warum haben die das gemacht? Ich will's dir verraten. Die haben gespürt: Dieses Kind im Stall, das hat uns Menschen der liebe Gott selber geschenkt. Warum? Weil er uns so liebhat. Ich denke, wenn du erst mal genauer hörst und siehst, was das für einer war, dieser Jesus, wenn du ihn näher kennenlernst, dann wirst du das bestimmt auch begreifen. Aber eines verstehst du heute schon: Alle Geschenke, die wir uns geben, sind ein Zeichen dafür, daß wir uns liebhaben. Und wenn du deinen Dackel wirklich schön machst und deinem Vater schenkst, dann merkt er, daß du ihn gern hast, und er freut sich. Aber angefangen hat das alles, auch wenn viele Leute nichts mehr davon wissen, mit dem Christkind in der Krippe. Das war das Geschenk Gottes an uns Menschen. Und deshalb sagen wir gerne: Das Christkind steckt hinter allem. Wir beide wissen ja jetzt, wie das gemeint ist. Für deinen Vater zum Beispiel, dem du was schenkst, bist du so etwas wie ein Helfer des Christkindes. Und da soll doch mal einer daherkommen und sagen: So etwas gibt es gar nicht!«

»Wenigstens im Dezember spürt man, wie das Christentum die Welt verändert hat«, hörte ich einen spotten. Es läßt sich nicht leugnen: von New York bis Tokio »Merry Christmas.« Lichterglanz und Kassenklingeln von Rio bis Manila, vom Nordkap bis nach Südafrika. Und erst die deutsche Weihnacht! Ob Christkind, Väterchen Frost oder Weihnachtsmann: alle Welt kommt da in Bewegung. Lichter werden entzündet, man schenkt und wird beschenkt. Jeder fühlt sich gerührt und verpflichtet, setzt unversehens zu sozialen Aktionen an. Ich weiß, das läßt sich ganz positiv sehen. Etwas haben die Menschen schon begriffen.

Aber ebensogut ließe sich behaupten: Es gibt keine Zeit im Jahr, in der der christliche Glaube so mißdeutet und mißbraucht wird, wo er so verzerrt, ja pervertiert erscheint. Aus der Ankunft des Gottessohnes in Armut wird das aufwendigste Fest des Konsums, des Prestige-Schenkens, wir wollen es ruhig zugeben. Aus dem Frieden, der aus der Ehre und Verherrlichung Gottes erwächst, wird ein Allerweltsfriede. Ein mit Festreden verbrämter Waffenstillstand. Eine Pause, nach der man nur um so unerbittlicher aufeinander losgeht. Rührselige Stimmung läßt für zwei Tage vergessen, daß es in unserer Welt vorne und hinten nicht stimmt.

Und das ist nicht alles, was diesen Tagen so etwas merkwürdig Schillerndes, Zweideutiges gibt, selbst unter denen, die sich Christen nennen: Wie zu keiner anderen Zeit im Jahr hängen wir alten Erinnerungen nach, wir träumen uns zurück in frühere Zeiten, selige Kindertage. Und dabei ist der Advent doch eigentlich ein Anlaß, ein Anstoß, nach vorne zu schauen, weit über die Welt von heute und unser eigenes kleines Leben hinaus. Eine Zeit, in der wir Kommendes erhoffen und herbeisehnen und ihm ernsthaft den Boden bereiten sollen.

Adveniat regnum tuum, so klingt es an. Dein Reich, deine Herrschaft komme. Dein Gericht möge hereinbrechen über uns und die gegenwärtige Welt! Das ist das Gebet dieser Zwischenzeit, in der wir leben, genau zwischen Erinnerung und Erwartung.

Dabei ist das Reich Gottes schon jetzt gekommen, sagt Jesus einmal. Ihr seht doch, wie ich den bösen Geist in Gottes Namen austreibe. Und doch läßt uns derselbe Jesus beten, daß Gottes Reich komme. Wie geht das zusammen: Es ist schon da, und doch soll man es erst herbeisehnen? Wie ist dieses Schon und Nochnicht zu verstehen? Erklär uns das, Jesus! – Gut, sagt er: Nehmt das Salz. Es ist schon da, es wirkt bereits, und einmal wird es alles gewürzt haben. Oder schaut das Senfkorn an, sagt er: Es ist noch ganz klein, winzig ist es, das müßt ihr zugeben. Aber daraus wird ein ganzer Baum wachsen. Oder nehmt die Gläubigen, diese kleine Herde, sagt er: Daraus wird eine große Schar, die niemand mehr zählen kann. Gottes Reich ist schon mitten unter euch. Wie ein Samenkorn ist es, das in guter Erde aufkeimt. Man sieht es anfangs noch nicht, aber es ist da. Wie ein Kind ist es, das im Schoß seiner Mutter heranwächst. Noch unsichtbar, verborgen, aber doch wirklich. Sie fühlt es, dieses kleine Leben, wie es sich rührt und bewegt, und sie gibt ihre ganze Kraft und Hoffnung dafür, daß es lebt und zur Welt kommt. Darum ist Maria, die das göttliche Kind empfangen hat und in ihrem Schoß trägt, das schönste Bild, die lebendigste Hoffnung, die anschaulichste Verheißung für die Welt. Sie ist die Gestalt des Advents. Denn aus ihr, so sagt ein Wort der Heiligen Schrift, wird der kommende Fürst des Friedens geboren.

Hier wird es erkennbar, das Schon und Nochnicht: Er, der das Licht ist, wird geboren. Er ist schon da, in unserer Mitte. Doch bis der Glanz seines Lichtes alle Winkel, alle Dunkelheiten der Welt, auch mich erhellt, bis zu dem Tag, da alle Völker sein Heil schauen, müssen wir warten.

Das wird erst sein. Aber: das wird sein! Und so gelten für uns die Worte dieser adventlichen Tage vor dem Fest: »Jetzt schauen wir noch im Spiegel, rätselhaft – dann aber von Angesicht zu Angesicht. Jetzt ist mein Erkennen Stückwerk, dann aber werde ich klar erkennen, so wie auch ich erkannt bin.«

Ruf es aus, Engel

Ein wenig beneide ich ihn, den Engel, der die Weihnachtsbotschaft verkündet. Du hast es gut, denke ich. Du kommst einfach jedes Jahr wieder und sagst, was im Evangelium geschrieben steht, immer mit den gleichen Worten. Aber schau einmal uns Prediger an: Wir haben diese Botschaft ja auch jedes Jahr zu verkünden, genau wie du. Aber bei mir, dem Mann auf der Kanzel, erwarten die Leute immer etwas Neues. Neue Ideen, nie gehörte Aspekte, aktuelle Bezüge. Worte soll unsereiner finden, die die Fröhlichgestimmten nicht enttäuschen, aber auch die Enttäuschten froh machen. Worte, die das fromme Gemüt bewegen, die Gleichgültigen aufhorchen lassen und die Abständigen zumindest nachdenklich machen. Wie schaffe ich das bloß, Weihnachtsengel?

Dabei ist den Leuten doch längst alles vertraut: Den Engel kennen sie und die Hirten, den Stall und den Stern. Daß Gott Mensch wurde in einem Kind, damit wir endlich zu Menschen würden und zu Kindern Gottes. Unzählige Predigten haben sie gehört seit Kindertagen: gegen den Rummel an diesem Fest und über die Armut in der Dritten Welt und über den Frieden. Was kann man ihnen noch Neues sagen und Niegehörtes?

Denk dir, Weihnachtsengel, gestern rief mich eine Dame von der Zeitung an: Sie solle über eine Christmette schreiben. Aber etwas Besonderes müsse es sein, etwas Ausgefallenes. Sie denke an eine kleine Kapelle auf dem

Land irgendwo oder im Wald. Eine Frauengruppe vielleicht, die da mit ihren Kindern feiert. Oder Menschen, die aus Lichtern einen Friedensstern bilden. Was Besonderes eben, ich wisse schon! – Feiern Sie doch eine ganz gewöhnliche Mette mit, habe ich gesagt, mitten unter den Menschen, und schreiben Sie, was Sie erlebt haben. – Wo denken Sie hin, hat sie gesagt, nachher will das keiner mehr lesen. Einen Tag danach ist das Thema Weihnachten gestorben. Nein, vorher müsse sie etwas bringen, wie gesagt: was Besonderes! – Ich habe versucht, ihr zu helfen: Gottesdienst in der Flughafenkapelle, im Frauengefängnis. Was Besonderes eben.

Noch von einem anderen Gespräch möchte ich erzählen: Am selben Tag traf ich auf der Straße eine Frau, beladen mit Einkaufstüten. Ach, sagte sie, wenn es nach mir ginge, brauchte es kein Weihnachten zu geben! Früher war das noch schön, die Adventszeit, die Vorfreude. Aber heute brennen die Christbäume schon vier Wochen lang, und überall nur Streß und Rummel. Jeder ist froh, wenn es wieder mal vorbei ist. Ja, wenn's nach mir ginge . . .

Ach, dachte ich bei mir: Was haben wir Menschen aus diesem schönen Fest gemacht, daß du so redest, gute Frau. Wenn es nach mir ginge, brauchte es das nicht zu geben: Weihnachten. Also auch keinen Engel vom Himmel, kein »Fürchtet euch nicht«, kein Wort vom Frieden, kein Kind, in dem Gott uns anlächelt, keinen Stern, der uns leuchtet. Wenn es nach uns Menschen ginge . . .

Vielleicht ist es immer viel zuviel nach uns Menschen gegangen, was meinst du, Weihnachtsengel? Sind wir nicht deshalb aus dem Paradies vertrieben worden, weil es unbedingt nach unserem Kopf gehen mußte? Vom Turmbau zu Babel bis zu unseren modernen Versuchen, die Welt zu erobern? Haben wir nicht ein Paradies nach dem andern zerstört, immer in diesem gleichen Wahn, daß wir die Größten sind, daß es nach uns zu gehen hat?

Von Kain, der seinen Bruder Abel erschlug, über ungezählte, immer schrecklichere Kriege bis zum heutigen Tag, wo wir Menschen nur dadurch noch zu überleben hoffen, daß wir die jeweils andere Hälfte des Erdballs mit Vernichtung bedrohen? Ach, wenn es nach uns ginge! Aber es geht ja nach uns! Und was ist es, was wir auf diese Weise zuwege bringen? Das Gleichgewicht des Schreckens. Daß wir uns fürchten und daß kein Friede ist!

Es wird Zeit, denke ich, daß es einmal nach dem geht, was Gott will. Daß der finster verhangene Himmel sich auftut und der Engel Gottes uns verängstigten Menschen zuruft: Fürchtet euch nicht! Ich verkünde euch und allem Volke die große Freude! Geboren ist der, der euch rettet! – Und das, verehrte Reporterin von der Zeitung, soll nichts Besonderes sein: daß Gott in aller Misere der Welt heute sein Gegenprogramm veröffentlicht?

Lieber Engel von Betlehem, ich bitte dich: Sag deine Botschaft auch heute, rufe sie aus, alle Jahre wieder! Wir wollen sie hören, solange wir leben. Und unsere Kinder sollen sie hören, unsere Kindeskinder und alle, die nach uns kommen. Damit wir Menschen auf der Erde nie vergessen, wie das wäre, wie das sein könnte, wenn es ausnahmsweise einmal nicht nach uns, sondern endlich nach Gott ginge: Verherrlicht wäre er in der Höhe, und uns, den Menschen seiner Gnade, würde der Friede zuteil. Ein Kind würden wir finden, das uns zu Gottes Kindern macht! Ruf es aus, Engel von Betlehem, und auch ich will es verkünden, so gut ich kann, mit meinen armen Worten!

Hohe Zeit des Schenkens

Nein, nicht allen Leuten gefällt Weihnachten. Nicht wenige gehen dem Fest nach Möglichkeit aus dem Weg, feiern in der Ferne, unter Palmen, irgendwo. Manch einer verwünscht den ganzen Umtrieb, der die Menschen in diesen Wochen in Bewegung bringt, dieses merkwürdige Gemisch von Gemüt und Geschäft. Diese angeblich besinnliche Zeit, in der es so betriebsam zugeht wie kaum sonst einmal im Jahr. Und es fallen bittere Worte: »Die hohe Zeit des Schenkens nach den ehernen Gesetzen: wie du mir, so ich dir. Auge um Auge sozusagen, Gabe um Gabe. Eine harte Zeit ist das: da wird einem nichts geschenkt!«

Aber nun sind die anstrengenden Wochen vorbei, das Hasten und Rennen und Besorgen. Nun ist alles überstanden, Weihnachten ist es geworden. Und siehe da: Ich freue mich! Und natürlich wird einem was geschenkt: so viele liebe Gaben, so viele Glückwünsche und Briefe! Sage einer, was er will. Das alles, Schenken wie Beschenktwerden, gehört doch zu diesem Fest. Trotz aller Anstrengungen und Strapazen, die man auf sich nimmt, um Freude zu machen, um für jeden das Rechte zu finden und keinen dabei zu vergessen. Im letzten bewahren wir uns eben doch die selige Erinnerung an die Kinderzeit, diese seltsame Erwartung, daß wir etwas geschenkt bekommen. Und ein bißchen von dieser kindlichen Weihnachtsfreude, so hoffe ich, bleibt mir, solange ich lebe. Und deshalb wünsche ich jedem, daß er das spürt, durch irgendein Zeichen menschlicher Verbundenheit ausgelöst: »Ich bin beschenkt worden!«

Es kommt dabei ja gar nicht sosehr darauf an, was wir bekommen, auf den materiellen Wert des Geschenkes, was es womöglich gekostet hat und ob wir's denn am Ende gebrauchen können. Im letzten ist das alles ja nur ein Zeichen, und es steht für Wohlwollen, Freundlichkeit und Vertrautsein, für Zuwendung und Liebe. Sind das nicht kostbare Geschenke? Ich meine, wer solches empfangen darf, wer aus allem, was ihm an guten Wünschen und Gaben entgegenkommt, dies herauszuspüren vermag, der ist reich, und habe er nur wenige und bescheidene Geschenke erhalten. Doch das Umgekehrte gilt auch, glaube ich: Wer ein Geschenk nicht als Zeichen der Liebe zu sehen vermag, der ist arm und bedauernswert, und schaue er daheim auf einen übervollen Gabentisch.

Aber eine Frage hätte ich nun doch: Haben Sie eigentlich schon alles ausgepackt? Manchmal ist es mir, als sei da noch etwas anderes, das wir noch gar nicht wahrgenommen haben. Und siehe da – unter all den Goldbändchen, Weihnachtssternen und glänzendem Geschenkpapier kommt ein Bild zum Vorschein: Die Weihnachtskrippe. Maria und Josef und das Kind. Das ist das innerste Geheimnis von Weihnachten. Diese kostbarste Gabe gilt es unter dem Berg von Geschenken zu entdecken und sozusagen auszupacken.

Sie verstehen schon: Das ist nicht wörtlich zu nehmen. Es geht mir nicht um ein weiteres Geschenkpäckchen, um eine Krippendarstellung oder ein frommes Buch, sosehr ich dieses oder ähnliches auch Ihrer besonderen Aufmerksamkeit empfehlen möchte. Woran ich denke, ist eher, daß wir über oder auch unter allen sonstigen schönen Gaben den Sinn, den Kern all des gegenseitigen Schenkens nicht vergessen: daß wir zuerst und zutiefst einmal geliebte, mit göttlicher Liebe beschenkte Menschen sind. Menschen seiner Gnade, seines Wohlwollens, seines Wohlgefallens. Menschen seines Friedens. Wer etwas davon spürt – und sei es auch nur dadurch, daß Menschen ihm gut sind –, der kann Weihnachten feiern. Immer wird er dabei auf das innerste und tiefste Geheimnis stoßen, von dem wir leben: die Liebe. Es ist ihr Fest, hab' ich nicht recht?

Wettspiel an Weihnachten

Statt eines erbaulichen Gedichtes, das man zu dieser Zeit doch wohl erwarten darf, finde ich auf der ersten Seite einer religiösen Zeitschrift groß gedruckt die Worte: Dalli Dalli! – Was soll das, denke ich. Ich habe ja wirklich nichts gegen ein populäres Ratespiel oder gar die beliebte Fernsehsendung. Aber was hat das mit Weihnachten zu tun?

Doch schon lese ich weiter, das war's wohl, was der Redakteur beabsichtigte: Einer hat 15 Sekunden Zeit, und er soll in dieser Zeit möglichst viele Wörter nennen, die zu einem bestimmten Begriff passen. Nun die Frage: Was fällt Ihnen zu dem Stichwort »Weihnachten« ein? Und schon legt er los: Geschenke, Einkaufen, Lametta, Tannenbaum, Kerzen, Weihnachtsmann, Nüsse, Gebäck, Lebkuchen, Briefe, Kinderaugen, Weihnachtslieder, Schnee . . . Stop, sagt der Quizmeister. Ich gratuliere. Sie haben 13 Punkte, großartig!

Und jetzt kommen Sie, verehrte christliche Leser, an die Reihe: 15 Sekunden also, und auf geht's! – Das Kind, Maria, Josef, Menschwerdung, Krippe, Stall, Armut, Stroh, Engel, Stern, Hirten, Ehre sei Gott, Friede! . . . Wunderbar, Sie haben ebenfalls 13 Punkte. Ich gratuliere auch Ihnen! – Schön, aber wer hat gewonnen, was meinen Sie? Niemand. Beide haben gleich viel Punkte, nämlich 13. Das allein zählt. In diesem Ratespiel gewinnt, wer sehr schnell möglichst viele Wörter nennt, die zum Thema passen. In unserem Fall zum Begriff Weihnachten.

Mir scheint, der Evangelist Johannes hätte in diesem Spiel gewiß verloren. Denn in der Weihnachtsbotschaft, die er an den Anfang seines Evangeliums stellt, kommt eigentlich überhaupt kein einziges »weihnachtliches« Wort vor: Er nennt weder Tannenbaum noch Lametta, nicht Geschenke, Gebäck oder Schnee, nichts davon.

145

Aber auch kein Wort von Maria und Josef, Krippe und Stall, Engeln oder Hirten. – Armer Johannes, dieses Weihnachtsquiz hätte er bestimmt verloren. Ich habe aber den Eindruck, ihm kommt es überhaupt nicht darauf an, möglichst viele Wörter zu finden. Ein Wort genügt ihm. Das ist ihm wichtig, das nennt er immer wieder: »Im Anfang war das Wort. Und das Wort war bei Gott. Und Gott war das Wort. Und das Wort ist Fleisch geworden!« – Nicht möglichst viele Wörter gehen ihm durch den Kopf, nur eines: das Wort. Johannes sagt: Das ist der Sinn von Weihnachten, das feiern wir: Gott gab uns sein Wort. Und er sprach es nicht nur zu uns, nein, er gab es uns, er schenkte es uns. Es wurde Fleisch, es wurde wie wir. In einem Menschen, einem Menschenkind gibt uns Gott sein Wort, sein Ehrenwort. Ehre Gott in der Höhe, singen darum die Engel. Und Friede fortan den Menschen seiner Gnade!

Wer das einmal begriffen, und mehr noch: tief in sich aufgenommen hat, der kann wohl auf Tannenduft, Lametta, Geschenkpapier und Gebäck verzichten, so vertraut uns das auch ist. All das könnte wegfallen, und es bliebe immer noch Weihnachten. Ja, man ist nicht einmal auf Krippe und Stall, Herbergswirte und Hirten, Ochs und Esel angewiesen, so liebenswert Lukas sein Krippenspiel auch gestaltet hat. Nein: Das Wort Gottes ist Fleisch, ist Mensch geworden. Das ist der innerste Kern. Das gilt. Das bleibt.

Wie soll man das aber verstehen, daß einer von uns, ein wirklicher Mensch also, das Wort Gottes an uns Menschen nicht nur sagt und verkündet, sondern »ist«? Ich habe einmal einen Gottesdienst für Taubstumme miterlebt. Da hat einer gepredigt, aber es schien, niemand konnte seine Worte vernehmen. Und doch haben alle verstanden, was der Mann auf der Kanzel sagte. Neben dem Pfarrer stand nämlich ein junger Mann. Der übersetzte das Wort der Predigt mit seinen Händen, seinen

Gebärden in eine Bildrede, eine Körpersprache, die sich allen mitteilte. Und ich dachte bei mir: So ist das mit dem Wort Gottes, wenn es Mensch wird. Als Gott sah, daß die Menschen nicht recht verstanden, was er ihnen sagen wollte, da schickte er uns seinen Sohn. Der wird zuerst ein Kind, damit es kinderleicht zu verstehen ist, was Gott meint. Jesus übersetzt uns das Wort des Ewigen. Mit seinen gütigen Händen zeigt er es uns, mit seinem Leben, seiner Liebe, seinem Lächeln, seinem Leiden auch, sterbend, auferstehend zeigt er uns alles. In ihm wird sichtbar, verstehbar, wer das ist, der unbegreifliche Gott, und wer wir sind und sein sollen. In ihm ist Gottes ewiges Wort wahrhaft Fleisch, Wirklichkeit für uns geworden.

Ein Lied geht um die Welt

Wie kein anderes hat sich dieses einfache Lied in das Herz des Volkes gesungen. Und wie eine Legende klingt es, wenn man die Geschichte seiner Entstehung erzählt: Sie führt uns ins Salzburger Land, in das Dorf Obernburg. Damals, 1818, in armer Zeit, ein paar Jahre nur nach den Verwüstungen der Napoleonischen Kriege, war da ein junger Mann namens Joseph Mohr als Hilfsgeistlicher tätig. Das Weihnachtsfest stand vor der Tür, und die armselige verstimmte Orgel tat's nicht mehr. So ging der Priester am Morgen des 24. Dezember die zwei Kilometer nach Arnsdorf hinüber zu Franz Xaver Gruber, der Lehrer, Organist und Mesner in einem war. Ein Papier hatte er mitgebracht, darauf hatte er ein paar einfache Verse geschrieben. Ob der Lehrer vielleicht eine kleine Melodie dazu machen könne, für zwei Stimmen und eine Gitarre? Der ging gleich ans Werk und vertonte die schlichten Worte. Noch am gleichen Tag, in der Mitternachtsmesse, wurde das Lied in der Obernburger Nikolauskirche gesungen: Mohr spielte Gitarre und sang Tenor. Gruber übernahm den Baß und ließ den kleinen Chor die Schlußverse wiederholen.

Und wenn auch mancher bis heute die aufgeklärte Nase rümpft über die einfältigen Worte und solch eine simple und sentimentale Weise – das Lied von der stillen, der heiligen Nacht ist später um die ganze Welt gegangen. In zahllosen Sprachen erklingt es seither. Doch wie es manchmal so geht, berühmt wurden nur die beiden ersten Strophen. Mohr hatte weitere Verse geschrieben, und mir scheint: sie enthalten mehr Tiefe und Theologie, als der bekannte Anfang vom holden Knaben im lockigen Haar ahnen läßt:

Stille Nacht, heilige Nacht, die der Welt Heil gebracht. Aus des Himmels goldenen Höhn uns der Gnaden Fülle läßt sehn Jesum in Menschengestalt, Jesum in Menschengestalt.
Stille Nacht, heilige Nacht, wo sich heut alle Macht väterlicher Liebe ergoß und als Bruder huldvoll umschloß Jesus die Völker der Welt, Jesus die Völker der Welt.

Eine »Internationale« eigener Art ist das geworden, die der göttlichen Liebe. Ein Lied, das alle umfaßt. Und so laßt es uns singen. Auch wenn mancher dabei nicht ganz zu Unrecht fragt, wo sie denn geblieben sei, die Stille und Heiligkeit dieser Nacht. Da wird zwar gefeiert, gesungen, gegessen und getrunken. Doch wenn einer zu verstehen gibt, er werde das Fest in Stille feiern, allein und besinnlich sozusagen, dann wird er bedauert und womöglich zum Mitfeiern irgendwo eingeladen: Stille Nacht? Eine traurige Weihnacht sei das, hört man sagen.

Ja, wo gibt es das noch, was ein altes Gebet aus Ägypten mit den Worten ansagt: »Schweigen, Schweigen, Schweigen, Wahrzeichen des lebendigen, unvergänglichen Gottes, nimm mich in deine Hut, Schweigen!« Und wo treffen sie noch zu, die uralten Verse der Heiligen Schrift aus dem 18. Kapitel des Weisheitsbuches, wo es heißt: »Als tiefes Schweigen das Weltall umfing und die Nacht bis zur Mitte gelangt war, da stieg dein allmächtiges Wort, o Herr, vom Himmel, vom königlichen Throne herab!«

Stille Nacht. Was für ein schönes Wort, so kommt es mir in den Sinn. Stille: Ein Sturm wird gestillt. Ein Kind wird gestillt. Tränen werden gestillt. Mitten in aller Betriebsamkeit und Unrast, mitten in unserem pausenlosen Reden und Diskutieren wird es ganz still. Wo die Nacht am dunkelsten, erscheint das Licht. Wo die Not am größten, ist die Rettung nahe. Wo der Mund verstummt und man sich nichts mehr zu sagen weiß, wo die Wörter alle verbraucht sind, da spricht Gott in die Stille hinein sein ewiges Wort. »Alles ist durch das Wort geworden«, schreibt Johannes, »in diesem Wort war das Leben, und das Leben war das Licht der Menschen. Und das Licht leuchtet in der Finsternis. Aber die Finsternis hat es nicht begriffen. Die Welt erkannte ihn nicht. Die Seinen nahmen ihn nicht auf. Allen aber, die ihn aufnahmen, gab er Macht, Kinder Gottes zu werden. Allen, die an seinen Namen glauben!«

Dies und nichts Geringeres ist die Verheißung dieser Heiligen Nacht, in der es nicht zuerst um Stimmung geht, sondern darum, daß es stimmt. Und daß wahr wird, was die Engel im Jubel verkünden: daß Gott in der Höhe verherrlicht ist und so Friede wird auf unserer Erde unter den Menschen seines Erbarmens.

Vor der Krippe

Ist das nicht seltsam: Jahrelang hat man über ein Wort der Bibel hinweggehört, aber auf einmal – man weiß nicht wie und warum – hört man's wie zum ersten Mal. Man staunt, reibt sich die Augen, schaut, ob es wirklich so

dasteht. Aber es stimmt, man hat es entdeckt. Ein Licht
ist einem aufgegangen, sagen wir dann.

Da gibt es ein altes Weihnachtslied: »Lobt Gott, ihr
Christen, alle gleich«, das kennt wohl jeder. Aber daß es
da heißt: »Der heut aufschließt sein Himmelreich«,
wohlgemerkt »heut«, das ist mir bisher kaum aufgefallen. Ich beginne zu blättern: »Ein Kind ist uns geboren
heut«, »Heut tut sich auf des Himmels Tor«, und »Heut,
ja heut erschienen ist«. Wieso eigentlich immer »heute«?
denke ich. Weihnachten ist doch landläufig eher eine
Erinnerung an damals? Neugierig geworden, suche ich im
Meßbuch: »Heute sollt ihr es erfahren: der Herr kommt«,
lautet der Eröffnungsvers am Heiligen Abend. Und in der
Nacht: »Freut euch im Herrn, heute ist uns der Heiland
geboren. Heute ist der wahre Friede vom Himmel
herabgestiegen.« – Ähnlich beginnt die Messe am Morgen: »Ein Licht strahlt heute über uns auf.« Das kann
doch kein Zufall sein, denke ich, dieses ständig betonte
»Heute«. »Hodie«, wie es lateinisch heißt.

Man mag das so verstehen, daß wir uns in der
weihnachtlichen Feier so mit Herz und Gemüt hinein-
versetzen sollen in das damals in Bethlehem Geschehene,
daß wir »mit dem Stern laufen, mit den Magiern anbeten,
mit den Hirten umarmen«, wie es im 4. Jahrhundert der
Kirchenvater Gregor von Nazianz predigte. Aus solch
gemüthafter Versenkung in das Wunder der Geburt ist die
weihnachtliche Frömmigkeit mit den anheimelnden
Hirtenliedern und den volkstümlichen Weihnachtskrip-
pen erwachsen. Aber war es nicht doch immer zugleich
auch das »Heute«, das die Herzen ergriff und sie
Hirtenspiele aufführen ließ und die Freude an Weih-
nachtskrippen weckte? Da versammelte man in Neapel
die ganze Bevölkerung der Stadt vor dem Krippenstall,
ließ Hirten und Könige im Gewande der Zeit herbeieilen.
Im Hintergrund war der Vesuv zu sehen, die Landschaft,
in der man lebte. Im Alpenland stapften oberbayerische

Hirten von tiefverschneiten Bergen herab, und der Stall sah aus, als stände er in Tirol oder im Werdenfelser Land. O ja, die frommen Maler und Krippenbauer, aber auch die andächtigen Betrachter wußten wohl, daß das Heil nicht nur damals in Bethlehem, sondern mitten in unserer Welt erschienen ist, und zwar – sagen wir's noch einmal – heute.

Also auch in unserer Zeit. Aber das hieße doch: in der Welt von Großstädten und Fabriken, in New York beispielsweise, in London, Hongkong oder Rio? In einer Gastarbeiterbaracke im Ruhrgebiet, in einem Hinterhof in Chicago, in einer Fellachensiedlung bei Kairo, in den Slums von Kalkutta? Vielleicht ist es kein Stall, eher ein Holzschuppen, eine Wellblechhütte, wo Kinder in Lumpen gewickelt und in eine Gemüsekiste gelegt werden? Es muß wohl so sein, wenn das »Heute« der liturgischen Texte und unserer frommen Lieder gelten soll.

Ob man das darstellen kann, so wie unsere bäuerlichen Vorfahren einst die Ankunft des Erlösers in ihrer ländlichen Welt dargestellt haben? Aber da ist ja nicht nur zu bedenken, ob das angebracht und erlaubt sei. Es ist zuallererst die Frage gestellt nach der künstlerischen Kraft und der Echtheit unseres Glaubens an das Weihnachtsgeheimnis. Vielleicht gibt es solche Versuche, das »Heute« sichtbar zu machen: Mit Figuren im Gewand unserer Zeit. Mit Herberg- und Heimatsuchenden, die vor Türen und öfter noch vor Schaltern abgefertigt werden. Mit Eltern, die nicht wissen, wo und wie ihr Kind aufwachsen soll. Mit Idealisten, die Sternen nachlaufen. Mit Diktatoren, denen es nichts ausmacht, kleine Kinder umkommen zu lassen. Aber auch mit Menschen von heute, die staunend vor einem Kinde stehen, die anbeten. Sollte es nicht sogar Darstellungen der Weihnacht geben, die das Geschehene auf das Wesentliche bringen und es im Symbol gestalten? Die dieses Kind etwa als »das Reis aus verdorrter Wurzel« zeigen oder schon als »Morgenstern« einer künftigen Menschheit? Weihnachtsbilder könnte ich mir denken, in denen die Ankunft des Erlösers in der Mitte des Kosmos zu sehen ist. Darstellungen, die den Beginn einer neuen Schöpfung, die endgültige Menschwerdung des Menschen zum Thema haben.

Was mich betrifft: Ich erfreue mich nach wie vor an den liebenswerten alten Krippen. Aber ein bißchen bin ich doch auch neugierig auf Versuche, mit den Möglichkeiten unserer Welt und den Ausdrucksformen der gegenwärtigen Kunst zu spielen. Womöglich seit mir aufgegangen ist, daß an Weihnachten so oft vom »Heute« gesungen wird. Also von uns und von unserer Welt.

Zwischen den Jahren

Nach dem großen Fest bleiben dem alten Jahr nur noch wenige Tage. »Zwischen den Jahren«, so nennt man bei uns diese Zeit. Nach den Feiertagen feiern da viele noch ein bißchen weiter, bleiben daheim, machen Urlaub. Es gibt sogar Betriebe, die einfach geschlossen haben, als lohnten sich die paar Tage erst gar nicht, um noch etwas mit dem Rest des alten Jahres anzufangen.

Eines aber gilt, und die Verkäuferinnen in den Warenhäusern und Geschäften wissen ein Lied davon zu singen: es sind Umtauschtage. Da tragen die Leute einen guten Teil ihrer Weihnachtsgaben in die Läden zurück und tauschen um, was sie geschenkt bekamen: Den Pullover eine Nummer größer. Den Bademantel dezenter in der Farbe. Das doppelt erhaltene Papstbuch in eine Aerobic-Anleitung (auch umgekehrt?, wäre ja denkbar). Oma tauscht das Schachspiel gegen ein Heizkissen, und der Sohn bringt das Jugendlexikon und läßt sich Science-fiction-Romane dafür einpacken. Auch in den Zeitungen werden allerlei reizvolle Aktionen in Gang gesetzt, wie die Inserate zeigen: Tausche Weihnachtsteller gegen

Briefmarken! Biete neuwertigen Pelzmantel, suche Bauernschrank! Kaum ein Gegenstand, kaum ein Gebiet, wo sich nicht Möglichkeiten auftun.

Noch zu anderen Unternehmungen des Tauschens sind die stilleren Tage jetzt gut. Sie geben Gelegenheit, die unvorhergesehenen Weihnachtsgrüße, die man zum Fest erhalten hat, umgehend noch zu erwidern. Der geschuldete Dank läßt sich so unschwer mit den besten Wünschen für den Jahreswechsel verbinden. Es könnte ja sein, daß einem bei solchem Austausch guter Wünsche ein paar sinnvolle oder gar originelle Worte zum Neuen Jahr einfallen. Der bayerische Kultusminister Maier, ein – wie man weiß – belesener Mann, führte beispielsweise folgende gute Wünsche an, die er in einer Zeitung des Jahres 1864 fand. Sie wenden sich – wen erstaunt's? – direkt an die höchste Instanz:

»O Gott, setze dem Überfluß Grenzen und laß die Grenzen überflüssig werden. Nimm den Ehefrauen das letzte Wort und erinnere die Ehemänner an ihr erstes. Gib den Regierungen ein besseres Deutsch und den Deutschen bessere Regierungen. Schenke unseren Freunden mehr Wahrheit und der Wahrheit mehr Freunde. Bessere solche Beamte, die wohl tätig, aber nicht wohltätig sind, und laß die, die rechtschaffen sind, auch recht schaffen. Sorge dafür, daß wir alle in den Himmel kommen – aber noch nicht gleich!«

Nachdem wir ja nun sogar im Himmel gewisse Möglichkeiten des Austausches angedeutet haben, erlauben Sie mir sicher, dieses Stichwort noch einmal aufzugreifen. Ich muß Sie freilich bitten, sich bei den folgenden Worten – fast hätte ich gesagt anzuschnallen, aber sagen wir besser – auf etwas ganz Großes, ja geradezu Unbegreifliches gefaßt zu machen. An einen Gedanken, den ich im Gabengebet der Weihnachtsmette fand und der uns, wenn wir ihm nachgehen, in die unermeßliche Tiefe dessen führt, was wir gefeiert haben:

»Allmächtiger Gott«, heißt es da, »in dieser Heiligen Nacht bringen wir unsere Gaben dar. Nimm sie an und gib, daß wir durch wunderbaren Tausch deinem Sohne gleichgestaltet werden, in dem unsere menschliche Natur nun mit deinem göttlichen Wesen vereint ist.«

Die frühen Väter der Kirche haben gerade über diesen Gedanken begeisterte, ja verzückte Abhandlungen zum Weihnachtsfest geschrieben: Gott wurde Mensch, damit wir Menschen Gottes Kinder würden. Er tauschte seinen Reichtum ein gegen unsere Armut. Er gab die Krone der Herrlichkeit für die Krone der Dornen. –

Doch von solchen Höhen nun wieder hinab in den Alltag: Ich sah heute den ersten geplünderten Weihnachtsbaum beim Müll liegen. Nein, das darf nicht alles sein, was uns von dem Glanz dieses Festes bleibt.

Vom selben Autor erschien:

Lothar Zenetti

Die Stunde
der Seiltänzer

Geschichten und Gedichte

128 Seiten, lam. Pappband, pfeiffer präsent
ISBN 3-7904-0358-X

Die Geschichten und Gedichte in diesem Buch
berichten von einem Land, das auf keiner Land-
karte verzeichnet ist und das doch immer wieder
so vertraut anmutet, als sei man selbst schon
dort gewesen.

Von seltsamen Vorkommnissen ist die Rede, die
gegen die Gesetze von Raum und Zeit verstoßen;
von einer durchplanten und überwachten Gesellschaft; aber auch von der verzaubernden
Kraft des ›Lächelns, von dem du gefunden wirst‹
und dessen Wärme und Schönheit die Wirklichkeit verändert und ihr eine neue, hoffnungsvolle
Dimension verleiht.

Verlag J. Pfeiffer · München

Vom selben Autor erschien:

Lothar Zenetti

Manchmal leben wir schon

Wege, die der Glaube geht

160 Seiten, lam. Pappband, pfeiffer präsent
ISBN 3-7904-0335-0

Vom Verlangen nach Glück, von Angst und Vertrauen, vom Sterben und vom Leben über den Tod hinaus ist hier die Rede. Der Leser ist angesprochen, der mit seinem oft banalen Werktagsleben zurechtkommen muß und doch gelegentlich einen Blick in eine andere Wirklichkeit tun möchte.

Die Texte greifen zumeist alltägliche Erfahrungen auf und führen den Leser von da aus zu tieferen Schichten des Lebens. Jeder Text ist ein Zuspruch, eine Ermunterung, den Glauben zu wagen und das Vordergründige nicht als bare Münze zu nehmen.

Verlag J. Pfeiffer · München